証券に関する十二章

杉江雅彦 著

萌書房

目　次

目　次

証券に関する十二章

第1章　株式会社と株式市場の誕生

株式会社発祥の地アムステルダム

一九六八年春。木々の新葉が運河の川面にその影を美しく落とす四月、私は生まれてはじめて、アムステルダムを訪れた。

当時、ヨーロッパ留学中の私は、イースターの短い休暇を利用して、ヨーロッパの主要都市をめぐり、主に証券取引所を見学してまわる企画を立てた。そのときの訪問先のひとつが、アムステルダムだったのである。

なぜアムステルダムかというと、実はここで、世界で最初の株式会社が設立され、株式市場も誕生したからである。十六世紀末から約一〇〇年間、オランダはヨーロッパ最強の経済大国として君臨するが、その間に、いくつもの経済インフラが整備された。株式会社も株式市場も、さらには先物市場の制度も、主に十六世紀末から十七世紀初頭にかけて生まれたものである。そのあたりのことを調べていくためにも、一度はアムステルダムをこの目でみたかったのである。

私はまず、アムステルダム中央駅の前から出発する運河めぐりの観光船に乗って、この都市の街並みを運河から眺めることにした。観光船といっても、背の低いボートのような小船であるため、下から上を仰ぎみる格好で観光を続けることになるのは致仕方ない。しばらくすると、観光ガイド嬢が、「あそこにみえる建物が、世界ではじめてできた証券取引所でございます」と案内したので、びっくりして顔をあげた。それは事実に反するからである。

たしかに、アムステルダムに世界ではじめて株式市場が出現したのは事実である。一六〇二年にオランダの東インド会社が当地で設立され、そのときに発行された株式が流通したのは間違いないが、この当時はまだ、証券取引所といった組織的な市場ではなかった。さまざまな商品を交易するアムステルダムの商人たちが、その片手間に新しく発行された東インド会社株を扱っていたのであって、組織的な証券取引所がはじめて誕生したのは、十八世紀後半のロンドンにおいてであった。明らかに、ガイド嬢の説明は間違っていたのである。

しかし、このときの私の英語力はまだまだ未熟だったため（いまでも当時とたいしたちがいはないが）、ガイド嬢に英語で反撥するだけの自信がなく、せいぜい口の中で、「それはちがうんだけどなぁ」と呟《つぶや》く程度で辛抱しなければならなかった。

しかし、このときの旅行ですっかりアムステルダムに魅せられてしまった私は、一九七九年一月に再び同地を訪れ、このときは二カ月ばかり、腰を据えて東インド会社や株式市場の発生の経緯について調べる機会を摑むことができた。

ところがこの年の冬は、ヨーロッパ中が十数年ぶりという大寒波に襲われて、私のアムステルダム滞在中もずっと大雪が降り続けたため、私が目的のひとつとしていたライデン大学はいうにおよばず、市内にあるアムステルダム大学の図書館にさえ、大雪にさえぎられて、思うように通うことができなかったのは、いま考えても口惜しい限りである。

それでも、そのときの資料探索も含めて、オランダの経済的繁栄や東インド会社、株式市場および先物市場などについて、知りえたことを整理して、以下に解説しておきたい。

まず、アムステルダムを中心としたオランダ経済発展の端緒から話をはじめよう。アムステルダムが急速に発展したのは、一五八五年以後のことに属する。もちろんそれ以前にも、アムステルダムはバルト海沿岸と北西ヨーロッパを結んで、穀物や木材、塩、にしん（鰊）などの海外貿易をさかんに行っていた。ところが、一五八五年を境に、アムステルダムには南方から有力な商人や金融家たちが大挙して集まり、その結果、一大商業都市を形成するにいたった。

その直接の契機となったのが、アントワープの陥落である。アントワープはすでに十三世紀ごろから、大市（メッセ）の開催地として定期的に賑《にぎ》わっていた商業都市であるが、十五世紀の終りから十六世紀

図１　アントワープの胡椒取引所の風景（16世紀）

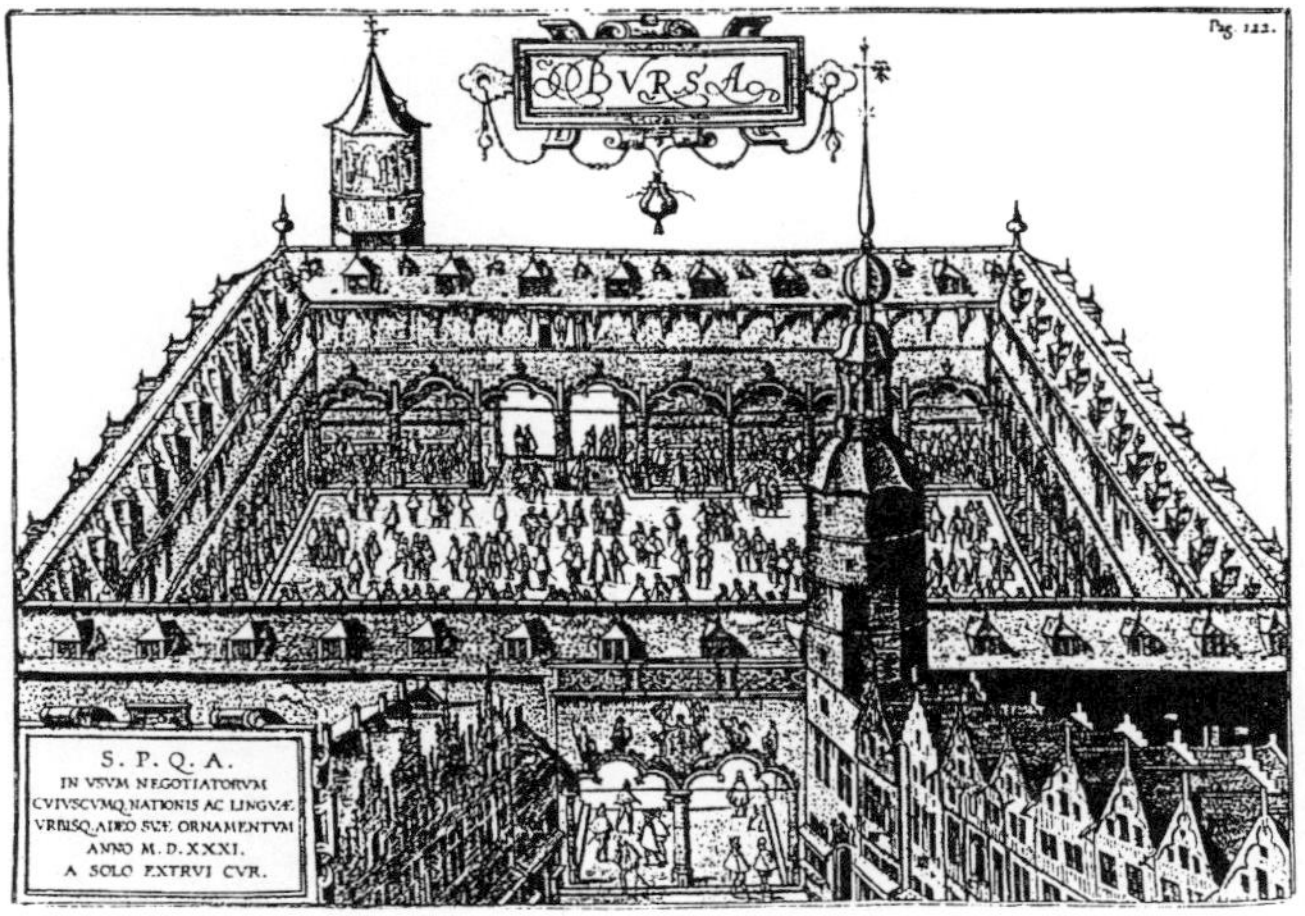

半ばまでのおよそ七〇～八〇年間に、最盛期を迎えた。北ドイツからはハンザ商人[1]が、またイタリアからは金融家たちが、この地に商館や駐在所を置いて、活発な経済活動を行っていた。

ところが、「好事魔多し」というべきか、当時のアントワープはスペインの支配下にあり、十六世紀の前半にこの地にも伝播した宗教改革の影響を受けて、多くのアントワープの商人や市民たちがプロテスタントに改宗したのである。カトリックの守護者をもって任ずるスペイン王・フェリペ二世は、スペイン本国から大軍を派遣して改宗者の弾圧を徹底的に行った。一五八五年には、ついにアントワープが陥落し、スペイン軍に占領されてしまった。

アントワープの経済機能が完全に麻痺してしまったため、アントワープの新教徒たちはもちろん、この町に駐在していた外国商人たちも、すべて国外に亡命することを余儀なくされた。そこで彼らは、アムステルダムに安住の地を求めたのである。

オランダの繁栄一〇〇年の基礎

それでは、なぜアムステルダムなのか。その第一の答えは、すでに述べた通り、当時のアムステルダムが一応の商業都市としての機能を備えていたばかりでなく、相当数の船が出入りできる良港を備えていたからである。もちろんアントワープは、スヘルデ河をすこし下れば北海に出られる港を持っていたから、商人たちは港湾施設の整った都市が欲しかったのであろう。

第二の理由は、アムステルダムの住人の大部分が、やはりプロテスタントに改宗した商人たちであり、しかも商人たちが最も重視する都市の自治権を、アムステルダムはすでに獲得していたことである。それというのも、フェリペ二世に抵抗した北部ネーデルランド（オランダ）の反乱軍は、オラニエ公ウィレムの指揮宜しきを得てスペインからの独立を達成し、一五八五年には事実上、オランダ共和国を樹立していたからである。

このようにしてアムステルダムは、アントワープから流出した巨大な資本力と幅広い人的ネットワークを、ごっそりと手に入れることができた。アムステルダムがにわかに、〝ニュー・アントワープ〟の観を呈するようになったのも、右のような経緯をみれば当然であったといえよう。

また、アントワープおよびその周辺には、商人や金融業者以外に、多くの毛織物工業者や職人が住んでいたが、それらの人びとはアムステルダムよりも、むしろライデンに向かい、そこで一大毛織物産地をつくり上げた。一六二二年にライデンの人口四万五〇〇〇人のうち、その六〇%が難民、それも毛織物職人で占められていたといわれる。これにより、ライデンは一躍、ヨーロッパ最大の毛織物工業都市にまで成長した。

アントワープおよびその近辺から、有力な商人や金融業者たちがアムステルダムに入ってくるまでにも、アムステルダムはバルト海沿岸諸都市やフランス、イベリア半島にいたる広範な海域で、活発な中継貿易を行い、多大の収入を得ていた。

ドイツ東部やポーランドなど、バルト海沿岸の諸港から穀物を輸入する一方、その対価として支払われた塩は、イベリア半島やフランス南西部からの輸入に依存したが、それとともに、ワインや果物なども、仲継貿易に使われる商品となった。もちろん、北海で獲れたにしんを、船上で塩漬けにして樽に詰める方法でつくられた海産物も、オランダの有力な輸出品であった。

なかでもにしん漁は、船団を組んで遠洋まで漁猟に出掛け、そのまわりを軍艦が援護する、いわゆる〝護送船団方式〟で行われた。このようにして、オランダ船の航海領域は北はバルト海から南はイベリア半島にまでおよび、またにしん漁には多数の船が必要とあって、オランダには海運業や造船業も発達していったのである。

主にオランダ人が近海航行用に使っていた船は、フライト船と呼ばれる一種の規格船であった。だか

図2　17世紀初頭のアムステルダム港の繁栄ぶり

ら大量に、しかも効率的に建造することが可能であった。大量に生産されたフライト船を駆使して、バルト海からイベリア半島までのヨーロッパ沿岸を自在に走りまわったオランダ船は、さまざまな種類の商品を運搬したにちがいない。

恐らくアムステルダム港には、船に商品を積み込んだり積み降ろしたりするための倉庫が立ち並び、倉庫に保管中の商品の価格変動を心配する商人たちが、気遣わし気にそれらの商品を眺めていた光景も想像される。

一五八五年五月、スペインはオランダとの貿易を全面的に禁止し、オランダ船の拿捕を命ずるなど、オランダを経済的に追い詰める挙に出た。もちろん、オランダが独立し、共和国樹立を宣言したことに対する報復措置である。これによりオランダは、それまでリスボンやアントワープで入手していた、アジア産の香辛料を手にすることができなくなってしまった。

なにしろ、胡椒を中心としたアジア産の諸種の香辛料は、ヨーロッパの人たちの食生活にとって欠くことのできない必需品であった。なかでも胡椒は、牛や豚などの肉を長期間保蔵するために、塩と並んで絶対に必要な品物であった。オランダにしてみれば、自らの手で直接にアジア貿易を行うか、それともアジアにおけるポルトガルの香辛料積出しの拠点を奪取するかのいずれか、あるいはその両方を選択する必要に迫られた。

これによりオランダは、スペインやポルトガルに約一〇〇年遅れて、アジアに直接目を向けることになったのである。その延長線上で、東インド会社の誕生をみることになる（なお、ここで「東インド会社」とある場合、イギリスではなく、オランダのそれである）。

オランダ東インド会社の誕生

東インド会社という会社は、その名前からも容易に想像されるように、東インド——つまり、アジアとの貿易を営むために設立された貿易商社である。しかし、たんなる商社ではない。政府から貿易独占権を与えられているだけでなく、進出地の支配者と条約を結んで総督を置いたり、要塞を築いて兵員を駐在させ、場合によっては戦争を起こす権限まで与えられた、いわばオランダ国家そのものである。

しかし、その話はもうすこしあと回しにして、まず東インド会社が誕生するまでの経緯からはじめることにしよう。すでに前節でも述べた通り、オランダ人がアジアに目を向けるようになったのは、十六世紀の末期になってからのことで、それまではいたって消極的であった。

むしろ、ヨーロッパ沿岸にのみ大きな関心を寄せ、近海貿易で着実に稼ぐという、現代のオランダ人にも通ずる地味な道をえらんでいた。もちろん、オランダ人も肉の保存などに無くてはならない胡椒など、アジア産のスパイスを利用してはいたが、これはリスボンやアントワープなどで、ポルトガル商人から入手するもので事足りていた。

ところが、一五八〇年にポルトガルがスペインと合併し、オランダはスペインと敵対していたために、リスボンからの輸入が途絶えてしまった。また一五九八年には、スペインによるオランダ経済の締めつけが一段と厳しくなり、貿易禁止令を出したり、オランダ船の拿捕を徹底するようになった。オランダにしてみれば、どうしても自らの手でアジア貿易に乗り出さざるをえなくなったのである。

こうして、オランダのアジア進出は、いわば追いつめられた形で実現するのであるが、一五九六年にリンスホーテンというオランダ人が、『東方案内記』を出版したことで、アジア航行が現実に十分可能であることがわかり、この本がオランダ商人たちの東インド進出にとって、最も貴重なガイドブックになった。そこで、オランダ各港からいっせいに船団を組んで、それぞれアジアを目指して出港したのである。

これらの船団を組織した会社は、先駆会社（フォール・コンパニーエン）と呼ばれる。まさに、東インド会社の設立に〝先駆〟した諸会社であった。これらの先駆会社は、アジアでの香辛料の買付けに成功したものが多かった反面、各社の競合によって香辛料の値崩れが起こるなど、問題点もすくなくなかった。つまり、これらの現地での仕入れ価格が高騰する反面、ヨーロッパにおける販売価格が下落したからである。そこへ、一六〇〇年にはイギリスの東インド会社設立という事態が起こり、これに対抗するためにも、より強力な貿易会社をつくる必要に迫られたのである。

ここで、余談をひとつはさんでおこう。日本とオランダとの交流のはじまりである、リーフデ号の日本漂着事件である。先駆会社のひとつであったロッテルダム会社は、一五九八年に五隻の船を出帆させた。そのうちの一隻がリーフデ号（慈愛号）である。リーフデ号以外の船は、あるいはスペイン軍に捕えられ、あるいは沈没し、さらにはオランダに戻るなどしたが、リーフデ号だけは途中から日本に進路を変え、ついに一六〇〇年、いまの大分県臼杵湾に漂着した。

生き残った船員のうち、航海長のウイリアム・アダムス（イギリス人）と船員のヤン・ヨーステン（オランダ人）は大坂へ連行されて、そこで徳川家康に会った。その後、アダムスは三浦按針と名前を変えて徳川幕府に仕え、またヨーステンはその後に設立された東インド会社の日本駐在員として、八重州に住居を構えて日蘭貿易の橋渡し役をつとめた。先駆会社は日蘭修好四〇〇年の基礎づくりにも役立っているのである。

さて、東インド会社の設立に話を戻すと、一六〇二年三月に、そのとき存在していた七社が連合して、連合東インド会社（Vereenighde Oost Indische Compagnie）が設立された。ここにいたるまでには、航海・貿易の自由を基本的に主張する人たちにとって、その主張と矛盾するような独占的な会社の設立は認められないとする、心理的抵抗もあったが、結局は難航の末、〝連合〟東インド会社が実現することとなった。決して単一の会社ではないという含意であろう。

東インド会社は、先駆会社が合併したものであるから、合併前の諸会社の規模に応じて合計六つの支部（カーメル）が存続することとなった。その中では、アムステルダムが図抜けて大きく、それに次いで（アムステルダムには遠くおよばないが）、ゼーラントが大きい。これらは二大カーメルと呼ばれた。

東インド会社の性格

このようにして設立されたオランダ東インド会社の資本金は、約六五〇万グルデンといわれた。当座企業の性格を脱し切れなかったイギリスの東インド会社の、第一回の航海に際して起債された金額が六万八〇〇〇ポンドだったから、これを当時の交換比率で計算すると、約五三万グルデンとなる。両社の規模のちがいは歴然としている。

このオランダ東インド会社が株式会社の第一号であるというのは、もはや世界の通説となっているが、もちろん、こんにちの株式会社が備えている条件のすべてが揃っているわけではない。しかし、最も基本的な株式会社としての条件を具備しているという点で、オランダ東インド会社が世界最初の株式会社

図3　旧アムステルダム証券取引所（現在は商品先物を取引）

であるといえるのである。

その条件とはなにか。

それは第一に、すべての株主（出資者）および取締役が無限責任制から有限責任制に移行したことである。それまでの先駆会社においては、取締役団の無限責任制のもとで経営されていたものが、一六〇二年の特許状によって、取締役団の有限責任制と株主の有限責任制が敷かれるようになった。

第二は、取締役団が会社機関として確立したことである。それまで、取締役を通して間接的にしか出資していなかった一般出資者は、直接に会社に出資することになり、会社の執行機関としての取締役団が確定した。もっとも、定員六〇人の取締役団の上に、十七人会と呼ばれる重役会が置かれていたが、取締役団も十七人会も、ともに専制主義的な存在であった。

第三は、譲渡自由な株式が発行されたことである。それまでは、出資者の持ち分の譲渡に関する明文規定はなかったが、一六〇二年に持ち分（株式）の譲渡が完全に自由となり、その手続きも明白に示されることになった。この〝譲渡自由な株式〟の発行が、アムステルダムに世界ではじめての株式市場の誕生をもたらしたのである。

東インド会社は連邦議会の特許状——全部で四六条、刊本にして二〇ページ近くにおよぶ長文——をもとに、当初は二一年間の期限つきで設立されたが、その後もつぎつぎに更新されている。このときの特許状によれば、東インド会社に与えられた特権は実に多く、また強大である。

たとえば、アフリカ最南端からインド洋、太平洋を経てマゼラン海峡にいたる広い海域の貿易独占権を与えられているのは、貿易会社であるからには当然であるが、すでにふれたように、進出先の支配者と条約を結んで総督を置いたり、場合によっては戦争を起こす権限まで与えられているというのは、この会社の特異な性格を如実に表わすものである。

現に東インド会社は、設立後すぐに大砲を備え兵士を乗せた船団をアジアに送って、拠点づくりに精を出している。その第一歩として、一六一九年にジャワ島のジャカルタに要塞を築き、イギリス人を追い出してバタビアと改名し、この地をオランダ東インド会社のアジア貿易の拠点とすることに成功している。

東インド会社がアジアで進出しなかったのは、フィリピン諸島と朝鮮半島ぐらいのもので、「西は紅海入り口のモカからペルシア、インド、セイロン、ベンガルを経て、ビルマ、シャム、マレー、インドネシア各地、台湾、日本にいたる広大な海域に、約二〇カ所の要塞と数多くの商館を置いて、手広い貿易活動を展開した」といわれる（森田安一編『スイス・ベネルクス史』第二部第二章）。それも、わずか一世紀足らずの間に成し遂げたのであるから、いかにも、オランダのことを〝海洋国家〟と呼ぶにふさわしい勢いであった。

東インド会社には、設立当初から取締役団と十七人会とが設置されたことは、すでに述べた通りであるし、そのいずれもが専制主義的な性格のものであったこともすでにふれた。なかでも十七人会の権限は絶大で、特許状によって東インドにおける条約の締結、自衛戦争の遂行、要塞の構築、貨幣の鋳造などの権限を与えられていた。それも、「喜望峰の東からマゼラン海峡の西まで」という、広大なものであった。

東インド会社の目的は、あくまで利潤の追求にあったことは明らかである。この点はポルトガルと決定的な相違であり、ポルトガルが「胡椒の獲得とキリスト教への改宗」を掲げていたのに対して、オランダは徹底的に利潤の追求に情熱を傾けた。取締役団の上部に位置する十七人会だけが〝主人〟であった東インド会社においては、たえず「会社の利益になるように」と、総督以下の商館員を督励していたことが、同社の報告文書によっても確かめられている。

しかもこの十七人会は、会社の経理内容を株主に対して一切公開せず、配当などの利益配分についても、利益の高低とは無関係に、まったく恣意的に決定したから、しばしば中小株主たちの怒りを買った。

またこのことが、東インド会社の株価の変動をもたらす原因にもなったのである。

東インド会社株と先物取引

東インド会社という、新しく出現した株式会社の株式を買った投資家とは、一体どのような人たちだったのだろうか。もちろん、東インド会社が誕生する以前の先駆会社の段階で、すでにそれらの会社の出資者だった人も、東インド会社の株主になったであろう。あるいはまた、手広く商品の交易に従事していたオランダ商人たちも、株主になったと考えられる。

東インド会社の株式は譲渡自由であったから、いったんは株主になった人の中には、これを売却したいと考える人もいたにちがいない。しかし、東インド会社が設立された当初の段階では、株式の流通市場は存在していなかったのであるから、誰かが株式の売買を仲介しなければならなかった。その役割を担ったのが、アムステルダムの商人たちであったと、私は考えている。

なぜなら、アムステルダムの商人たちの多くは、穀物や香辛料、毛織物や絹織物など、ヨーロッパとアジアの産品の仲継貿易に従事していたから、扱っている商品に関する情報はもちろんのこと、商人仲間たちの動静についても、かなりの程度まで熟知していたにちがいないからである。

したがって、そんな中で東インド会社が設立され、株式が発行されたとあれば、当然ながら彼らにとって〝新商品〟である東インド会社株についても、大きな関心を持ってこれと関わりあったと考えても、間違いはないように思われる。恐らく最初の東インド会社株の売買の当事者、あるいは仲介者はアムステルダムの商人だったと考えることができよう。

実は、それを裏付ける有力な証拠が存在するのである。というのも、東インド会社の株式は、現物取引だけでなく、先物取引でも広く売買されていたという事実があるからである。先物取引というのは、たとえば現在の価格で売買の契約だけをしておき、一定期間ののちに、その時点の価格で売買を決済する取引である。

十六世紀末になって、アムステルダムでは急速に諸種商品の交易量がふえ、その中には現物取引では決済できない、多数の穀物や香辛料などの契約が混っていたと想像される。したがって、商品の授受を将来の一定期日に繰り延べる形で、自然に先物取引が生まれたものと考えてよいのではないか。私の想像では、アムステルダムの商人の間で先物取引手法が考案されたのは、十六世紀末から十七世紀初頭にかけてであったと考えている。

ちょうどそんな時期に、東インド会社が設立され、その株式が売買の対象にされはじめたのであるから、アムステルダムの商人たちは、東インド会社株にも先物取引の手法を応用して売買したのであろう。しかも、前述したように、東インド会社の上級重役会である十七人会は、利益の高低とは無関係に恣意的な配当の決め方をしたため、株価は大きく変動し、株価変動差益を求めて、東インド会社株を先物取引で売買するスペキュレーター(2)までもが、株式市場に参入したものと思われる。

これに関して、興味深い事実をここで紹介しておこう。それは、一六一〇年になって、オランダ議会がプラカート（法令）を発し、東インド会社株の空売《から》買を禁止したことである。(3)一六一〇年といえば、東インド会社が誕生してから、わずか八年しか経っていない。それにもかかわらず、議会が東インド会社株の空売買を禁止したということは、この間に東インド会社株の先物取引がさかんに行われていたことを意味する、なによりの証拠といえよう。株式はその誕生の当初から、先物取引で売買される運命を担わされていたのである。

一六一三年になって、アムステルダムに総合取引所が設立された。そこでは、胡椒をはじめとする種々の香辛料や穀物、それに東インド会社株などが取引の対象とされた。一五三〇年代にアントワープで設立された胡椒の取引所をモデルにしたといわれているが、それは決して、株式だけを取引する株式取引所あるいは証券取引所ではなかった。やはり、観光船のガイド嬢の説明は間違っていたのである。

注

（1）ハンザとは、十二世紀後半にリューベックを中心として、北海、バルト海沿岸の諸都市によってつくられた都市同盟のこと。これらの諸都市に住む商人たちが、北海・バルト海沿岸の貿易を独占したばかりでなく、さらに南へもその勢力を伸ばしていった。これらの商人のことをハンザ商人と呼んだ。

（2）投機家と訳されている。株式や商品、外国為替など、相場変動の激しい資産を売買して、短期間に利益をあげようとする人のことをいう。

（3） 現金を払わずに買い契約し、あるいは現物を持たずに売り契約をすること。ともに売買差益を稼ぐことを目的とした売買取引である。

第2章　バブルは資本主義以前からあった

〝バブル〟――私たち日本人は、一九九〇年代のはじめからずっと、この言葉に悩まされ続けてきたように思われる。なぜなら、八〇年代後半からはじまった、まさに空前絶後の経済的繁栄がその幕を閉じたあとの日本経済を、〝バブルの崩壊〟と称したからである。その後遺症は、二十一世紀に入った現在でもなお残されたままになっている。

実体価値からはるかにかけ離れた、一時的爆発的な経済的繁栄現象を〝バブル経済〟と呼ぶのは、それが泡とか風船のように、いつかは消え去ったり、はじけて破れてしまうことを発想するからであろう。ところで、欧米経済史を繙《ひもと》いてみると、長い歴史の過程で〝バブル〟と称するにふさわしい狂気の事件が、いくつか発見される。いずれも群衆心理によって惹き起こされた、愚かさのドラマといってよい性質のものだが、本章ではそれらの中から、オランダのチューリップ投機、イギリスの南海泡沫事件、それにフランスのジョン・ローのミシシッピ会社事件を取り上げることにする。なお、アメリカの大恐慌もそのひとつであるが、この点については次章にゆずることにしよう。いずれにしても、「バブルは資本主義発生以前からあった」ことを実証しておきたい。

チューリップ投機はオプション取引の原型

まず、オランダのチューリップ投機からはじめよう。チューリップ投機というのは、オランダに経済的繁栄が到来した十七世紀のはじめに起こった、チューリップの球根をめぐる投機ブームのことである。オランダの経済的繁栄は国民の間に所得の増大をもたらし、裕福になった人びとは、たとえばレンブラントのような肖像画家に自画像を注文して、その絵をサロンに飾ったりもした。

このころオランダでは、特定の珍種のチューリップを咲かせて、それをみせびらかせる趣味が流行した。チューリップはモザイク病というウイルス性の病気にかかりやすく、しかし、このモザイク病にかかったチューリップが、フレームと呼ばれる色鮮かな縞模様をつくり出すことが注目されて、〝ビザール（変わり種）〟として珍重されるようになった。そして、花びらの模様が珍しいほど、高い値段で取引された。

チューリップに関心を持つ人たちは、それこそ争って珍種のチューリップの球根を求めた。チューリップ球根商人たちは、来年に流行しそうな種類のチューリップの球根を大量に仕入れて、いやがうえにもチューリップの値上がりを誘ったのである。チューリップ投機が頂点をむかえたのは、一六三〇年代の半ばであるが、玉ネギかニンニクの根に似たチューリップの球根が、現在の円価値に換算すると、一個何百万円もの値段で売買されたというから、流行というのは恐ろしい。

そのころのエピソードをひとつ紹介すると、ある船会社のオーナーが、いくつもの珍種のチューリップの球根を、皿に盛って自宅の応接間に飾っておいた。そこへ、このオーナーが所有している船の船長が航海から帰ってきて、挨拶にやってきた。チューリップ球根の流行を知らないくだんの船長は、皿の上に盛られているチューリップの球根を、ニンニクと間違えて口に入れてしまった。これをみて頭にきたオーナーは、早速、この船長をクビにしたという。この球根一個で船の乗組員全員の一年分の給料がまかなえたからである。

もっとも、このチューリップの球根を買う〝権利〟を売買するケースも開発されて、これが現在の株式市場でも制度化されている、オプション取引の原型になったという説もあるから、あながち、たかがチューリップ投機と笑い捨てることもできない、一面の論理はある。

『ウォール街のランダム・ウォーカー』という、刺激的な株式投資に関する著書を書いたバートン・マルキールによると、チューリップ球根の価格を一〇〇グルデンとして、この球根を買う権利を二〇グルデンのオプション・プレミアム(1)を払って買った人は、球根の価格が二〇〇グルデンに上がった時点でその権利を行使し、これを直ちに市場で売れば、一〇〇グルデンの粗利益になる。先に払ったプレミアム二〇ギルダーを差し引くと、八〇ギルダー儲かることになる。つまり、二〇グルデン払ってオプションに投資すれば、二〇グルデンの元手で四倍の利益を得たことになる。マルキールは、「このような手法の導入は、疑いなく投機への参加者の裾野を広げる役割を果たした」と解説している。

しかし、チューリップ投機が頂点に達した一六三七年一月以後は、逆に急坂から転げ落ちる大石のように、チューリップ球根の相場は下落し続けた。政府はすべてのオプションを契約価格の一〇%で清算させようとしたが、球根価格がそれ以下に値下がりしてしまったため、この計画は失敗に終った。チューリップ球根の価格はさらに値下がりを続け、ついにはタダ同然、つまりニンニクや玉ねぎの値段と変わらなくなってしまった。やっぱりバブルだったのである。

コーヒーハウスを拠点にした株式仲買人

オランダのチューリップ投機の主役はチューリップで、株式とはなんの関わり合いもないが——このとき開発されたコール・オプションの手法が現在の株式市場でも応用されていることを除けば——、つぎに紹介するイギリスの南海泡沫事件とフランスのジョン・ローによるミシシッピ会社事件は、いずれも株式が主役である。まず、南海泡沫事件からはじめたいが、そのためには、前もって、十七世紀後半から十八世紀はじめにかけての、ロンドン株式市場の生成について明らかにしておく必要があろう。

十七世紀も後半になると、オランダ経済は急速に衰えをみせはじめ、それに代わってイギリスがヨーロッパのリーダーシップを握るようになった。とくに、オランダで出現した株式会社は、むしろイギリ

図1　ローヤル・エクスチェンジ（旧王立取引所）の正面

スで発達していった。十七世紀の終りごろには証券業者が誕生している。彼らはもっぱら、当時、ロンドンを中心につぎつぎに誕生したコーヒーハウスに陣取って、取引を行ったといわれている。

もちろん最初は、アムステルダムと同様にロンドンにおいても、毛織物や穀物、あるいは胡椒などを扱う商人たちが、株式の売買も同時に行っていたのであろう。ロンドンでは最も古い取引所といわれるローヤル・エクスチェンジ（王立取引所）が、エリザベス女王の財政顧問であったグレシャムによって一五六七年に設立され、株式の取引もその中で行われていた。

ところが、毛織物や穀物と株式とでは商品としての性格が異なり、取引方法も同じではないため、次第に株式だけを扱うストック・ブローカー（株式仲買人）が独立するようになった。一説によると、ストック・ブローカー連中が取引中に発する掛け声がやかましいため、プライドの高いロイヤル・エクスチェンジから追い出されたというが、逆にストック・ブローカーたちが旧来の商人社会の習慣にあきたらず、新しい制度をつくろうとして、取引所からとび出したのではないだろうか。私には後者の方が当っているような気がする。

取引所から立ち退いたものの　彼らには独自の取引所を創設する力はまだ無かったから、当時、ロンドン市内に何千軒もあったコーヒーハウスを根城にして、そこで株式取引を行ったのである。コーヒーハウスで株式取引をしたというと、なにか奇異な感じを受けると思うので、当時のロンドンにおけるコーヒーハウス事情から、まず話しておきたい。

コーヒーがヨーロッパにもたらされたのは十六世紀であるが、ロンドンにはじめてコーヒーハウスが誕生したのは一六五二年のことである。はじめたのは、パスクワ・ロゼというシチリア生まれのギリシャ人であるが、コーヒーハウスはその後、急速にロンドン中に広まり、一六八二年には三〇〇〇軒、また一七一四年になると八〇〇〇軒ものコーヒーハウスがロンドンで開業していたという統計がある。

コーヒーハウスは一種のクラブとして、とりわけ男性だけの閉鎖的社交場としての役割を果たした。十七世紀後半から十八世紀はじめにかけてのイギリスは、世界を股にかけて貿易に従事する、さまざまな種類の商人たちが活躍していた時代である。彼らにとってみれば、取引上の情報も必要であったし、商談をまとめる場所もほしい。そこへ行けば同業者に会える、商談もできるといった機能を持つ空間がほしかったにちがいない。

そんな折りも折り、コーヒーハウスが出現したのである。そこで商人たちは、コーヒーハウスを取引上の溜り場に利用しようとした。しかも、同業者や仲間たちだけが集まれるようなコーヒーハウスがほしかった。こうしたニーズに応えて、ロンドン市内に何千軒ものコーヒーハウスができたものと考えてよかろう。

ローヤル・エクスチェンジからとび出した株式仲買人たちは、数あるコーヒーハウスの中から、主に〝ジョナサンズ〟という名のコーヒーハウスをえらんで利用した。ところが一六六六年九月二日の真夜中に、シティ[2]の一角から燃え出した失火は、またたく間にロンドン市の四分の一を燃え尽す大火となった。ジョナサンズ・コーヒーハウスもご多分にもれず、このときの大火で焼失してしまったが、その後ジョナサンズは、旧に倍する立派なコーヒーハウスを再建した。

またまたこの店に戻ってきた株式仲買人たちは、通りに面した新しい店のガラス窓に、金文字で〝The Stock Exchange〟（株式取引所）という字を刷り込ませ、ジョナサンズにやってくる客からは入場料を徴収したという。ちなみに、ロンドン株式取引所が正式に発足したのは一七七二年のことであるが、それまでの間、仲買人たちがジョナサンズで頑張っていたかどうかは不明である。そのころには、ロンドンのコーヒーハウスはすっかり衰退してしまっていたから、彼らは別の場所をみつけて取引をしたことであろう。

株式ブームと南海会社の設立

イギリスでは、Joint Stock Company と呼ばれる株式会社が、十七世紀に続々と誕生した。史上有名なイギリスの東インド会社は、株式会社組織という点ではオランダに遅れをとったけれども、一六一三年には永続企業として成立したし、それが契機となって、その後も株式会社の設立が続いた。とくに十七世紀末から十八世紀はじめにかけて、株式会社の設立ブームは一段と高まった。

もちろん、株式仲買人たちが扱ったのは、これらの株式だけではなかった。一六九四年に創設されたイングランド銀行——これはのちに、イギリスの中央銀行になった——が政府から引き受けた国債も、その仲間に加わったのである。

当時のイギリスは、ヨーロッパの覇権国たらんとして、懸命にもがいていた時代である。そのためには、なんとしても頭上の敵であるフランスを倒さなければならない。そこでフランスを相手に戦争を仕掛けるものだから、莫大な戦費を調達する必要に迫られた。

イングランド銀行は、そうした戦費を調達するために政府が発行した国債の引受機関として創設された、いわばベンチャー企業であった。ちなみに、一六九二年時点でのイギリスにおける歳出に占める軍事費の比率は、実に七三%にも達しており、これを国内の租税収入によって賄うことは、到底不可能であった。

図２　イングランド銀行，奥に証券取引所がみえる

もっとも当時のイギリスは、強力な海軍の存在で対外信用力が高く、もっぱらオランダの金融資本家に国債を買ってもらっていたが、やはり国内に有力な国債の引き受け手をつくることが必要だと判断し、反対党の強硬な反対を押し切ってイングランド銀行を設立したのである。

したがって、イングランド銀行は民間人からの出資を仰いで、その資金で国債を引き受けた。先に私が、イングランド銀行のことを「一種のベンチャー企業」であるといったのはそのためである。

このようにしてイングランド銀行から売り出された国債の売買は、もっぱら株式仲買人の手に委ねられたから、シティには株式や国債を扱う、「証券ジェントルマン」層——株式仲買人のことをこう呼ぶようになった——が形成されていった。彼らが中心になって、徐々に証券ブームが醸成されるにいたるが、これを一気にバブルにまで膨れ上がらせる契機となったのが、スペイン継承戦争におけるイギリスの勝利であった。

スペイン継承戦争というのは、フランスのルイ十四世の孫がスペインの王位を継いだことから、孫のためと称してフランス王は南ネーデルランドを占領し、スペイン支配地の商業権益をフランス商人に独占させる挙に出た。これはイギリスにとっても重大な危機になるというので、イギリスはまたまたフランスを相手に戦争を仕掛けたのである。

一七〇一年にはじまったこの戦争は、ようやく一七一三年に終結し、フランスに勝利したイギリスは、スペイン領アメリカ植民地に奴隷を供給する権利（アシェント）を獲得した。この権利を生かしてイギリスに利益をもたらす目的で設立されたのが、南海会社（South Sea Company）で、この会社が、一七二〇年のいわゆる〝南海泡沫事件〟の火つけ役になったのである。

南海会社は、スペイン領中南米に奴隷や工業製品などを供給するのが目的だったが、政府にしてみれば、これもイングランド銀行と同様に、国債の元利払い能力に対する信頼回復のためにつくった国策会社であって、一〇〇〇万ポンドに近い国の債務を肩代わりさせ、その見返りに中南米貿易権を南海会社に与えた。一般大衆にしてみれば、南米貿易は大きな富をもたらす泉のようなものだというので、彼らは熱狂的に南海会社の株式を買い求めた。

しかし、南海会社の経営者・役員の中には誰ひとりとして南米貿易の経験者はいなかった。設立早々に、奴隷貿易をはじめたものの――それが最も利益率が高いというので――、輸送中の奴隷たちの死亡率があまりにも高いため、決して安定した利益をもたらさなかった。

このように、南海会社がこれといった実績をあげることができなかったにもかかわらず、株価はむしろ値上がりを続けた。それというのも、折りからの株式ブームというか、新大陸への投資熱に浮かされて、誰もが株式投資に熱中したからである。

バートン・マルキールも、面白いエピソードを彼の著書に挿入しているので、ここで紹介しておきたい。

この当時に株式を売り出した新会社の設立目的には、海賊に襲われない船の建造、鉛から銀の抽出、永久に回り続ける車輪の開発など、むしろ荒唐無稽なものがすくなくなかったが、何といっても圧巻は、「誰にも実体はわからないが、多大な利益の上がる事業を行う会社」をはじめた、無名の男だろう。この会社の発行目論見書には、前代未聞の利益が約束されていた。申込受付がはじまった朝九時には、あらゆる階層の人たちが群をなして、受付場所に殺到した。そして五時間以内に実に一〇〇〇人もの投資家が、この会社の株式を買うために資金を払い込んだのである。この男は、至って控え目な人間であったとみえ、そのお金を手にして店をたたみ、ヨーロッパ大陸に渡った。その男のその後の消息は、杳《よう》として知れなかった（井手正介訳）。

ジョン・ローのミシシッピ会社事件

一方、海峡をはさんで大陸側のフランスでも、イギリスと同様にバブルが進行していた。フランス側の主人公はジョン・ローといって、スコットランド生まれの貴金属商で、イギリスから渡ってきた男である。彼はわずか五〇〇日ほどの間に巨富を得た後、無一文でパリをあとにした。

「百万長者」（ミリオネア）という言葉は、ジョン・ローから生まれた。「銀一〇〇万枚を保有する人びと」（celui possède un million d'argent）というフランス語からつくられたものである。

ルイ十四世が亡くなり、幼いルイ十五世を助けて摂政になった、亡き大王の甥であるオルレアン公は、フランスの未曽有の財政危機を知って唖然とした。戦争好きのルイ十四世が、勝手放題に国庫金に手をつけたその後遺症が、三〇億リーブルもの借金となって、オルレアン公の肩にかぶさってきたからである。

そんなとき、オルレアン公に接近したローが献策した財政再建策というのが、銀行の設立と紙幣の発行であった。三〇億リーブルという金額は、当時のフランスの歳入の一〇倍以上であり、それが国債の形で債権者の手に残っていた。ジョン・ローはその一部を彼の銀行の資本金で買い入れることにし、そのために兌換紙幣を発行したのである。

恐らくローは、国債の買入れを目的に設立された、イングランド銀行の故智に学ぼうとしたにちがいない。しかし、王立銀行にまで昇格した（一七一八年）ローの銀行も、国債残高のすべてを買い取ることは到底できなかった。

そこでローは、オルレアン公に再び献策して、ミシシッピ会社という新会社を設立した。この会社は、フランスがアメリカ大陸のミシシッピ川流域に築いていた植民地で、土地・鉱山の採掘、たばこ・塩などの販売を独占的に扱うことを目的とするというものである。この新会社に賭ける人びとの夢は大きく、わずか額面五〇〇リーブルの株式は、あっという間に二万リーブルにまで値上がりした。

このような熱狂ぶりは、〝ミシシッピ狂い〟と呼ばれたが、このような投機熱が二、三年続く間に、ミシシッピ会社の資本金は一六億七五〇〇万リーブルに、また王立銀行の紙幣発行高も三〇億リーブルに達した。しかし、これが命取りになったのである。

ジョン・ローの王立銀行が発行した紙幣は兌換券であって、いつでも紙幣から金や銀に交換できる約束になっていた。しかし、紙幣の発行額が急膨張したために、五億リーブルの金準備では足らなくなってしまった。

摂政オルレアン公の信頼がことのほか厚くなったジョン・ローは、一七二〇年に入ると財務総監という重職に任じられ、財政と産業の総元締になった。「出る杭は打たれる」の諺《ことわざ》通りに、彼の政敵たちは虎視たんたんとジョン・ロー追い落としの機会を狙っていたが、ジョン・ローの政敵の一人であった親王コンティが、ローの銀行に六〇〇〇リーブルもの紙幣と株券を持ち込み、金と銀に兌換して持ち帰ったことが発端となって、大騒ぎとなった。

　これと同時に、ミシシッピ会社の株価も暴落をはじめたため、株主たちは株式を売って紙幣に換え、それをローの銀行に持ち込んで金銀に換えようとした。もちろん、ローも必死になって防戦につとめ、株式の額面価格を引き下げたり、紙幣の強制通用令を出したりしたが、転がり出した大石はもう止まるところを知らなかった。

　七月に入ると、民衆の間で暴動が起こり、死者も出る騒ぎとなった。彼らは死体をオルレアン公の住居であったパレ・ロアイヤールの門前に置き、ジョン・ローの家の窓ガラスをことごとくたたき割ったりした。人びとの投機熱は冷え切り、火傷だけがあとに残された。

　自らフランスの財政再建策の脚本を書き、主役も演じたジョン・ローは、さすがにパリに留まることができず、ほとんど無一物となってフランスをあとにした。摂政オルレアン公は、そのポストを追われることなく残ったものの、三年後には脳溢血であっけなく死んでしまった。フランスを追われたジョン・ローの末期はもっと哀れで、ベニスで赤貧のうちに世を去ったという。一七二九年のことである。

　ジョン・ローのミシシッピ会社事件以来、フランスでは銀行券（紙幣）に対する信用がなかなか回復せず、国民はもっぱら金しか持ちたがらなくなったとする説がある。しかし、フランスに中央銀行が創設されたのは、ナポレオン治世下の十八世紀末であるが、ジョン・ローが設立した銀行は、国債を引き受ける金融機関という意味で、事実上、中央銀行の役割を果たしたといえるだろう。

南海会社の倒産とその波紋

ジョン・ローのミシシッピ会社に対する民衆の投機熱が沸騰しているのを知って、イギリスでも南海会社への肩入れがさらに強まった。これに気をよくした南海会社の経営陣は、一七二〇年四月に一株三〇〇ポンドで新株を発行したが、国王自らが一〇万ポンドもの新株を購入したとあって、またたくうちに完売した。株価は一〇〇〇ポンドを突破し、投機熱は最高潮に達した。

ところが、なんと南海会社の経営者や幹部社員たちが、さすがに会社の実体価値と株価との間のあまりの乖離に気づいて、夏の間に自分たちの持ち株を売り放っていたのである。これを知った株主たちは、慌てて南海会社の株式を売り急ぎ、株価はあっという間に急落して、南海会社はあっけなく倒産してしまった。

南海会社の倒産が端緒となって、同じように実体のない泡沫会社のほとんどが倒産の憂き目に遭った。当然といえば当然の報いだったが、こうした企業に出資していた多数の投資家は手痛い打撃を蒙った。そこで、これがイギリス中を揺さぶる大事件となったのである。南の海の泡のように消えてしまったというので、〝南海泡沫事件〟と呼ばれた。

このとき表舞台に登場したのがロバート・ウォルポールで、彼は二一年に大蔵大臣に就任するや、短期間で見事に事件の処理に成功したため、イギリスの対外信用は間もなく回復した。その功もあって、ウォルポールはそれ以後一七四二年まで、事実上、首相としての長期政権を維持することができた。

イギリスの経済史、金融史にとって重要なことは、南海泡沫事件を契機に、原則として株式会社の設立が禁止されたことである。それまでは無原則に株式会社の設立が許されていたために、多くの泡沫会社が出現し、それが倒産したために出資者に多大の損害をもたらしたとの認識から、「株式会社禁止法」（通称、泡沫禁止法）の制定につながったことが、その後のイギリス経済発展の大きな足かせとなったのは、いかにも皮肉であったといわなければなるまい。

東インド会社やイングランド銀行のように、国王による特許状、もしくは議会の決議による以外は、一切、株式会社の設立はまかりならぬことになり、株式仲買人の活躍の分野も狭められてしまったからである。

注

（1）オプション取引を利用して資産の売買取引を行う際、売買の権利を得るために支払う料金のこと。第5章（八五ページ）でくわしく説明しているので参照されたい。

（2）ロンドンの中心部に位置する金融街を指す。シティというだけで、イギリスの金融組織全体を意味することが多い。

第3章　ケインズも株式に首を突っこむ

大恐慌の引き金となった株価暴落

すくなくとも、株式に対する民衆の熱狂的な投機熱が、一国の経済とその国の対外信用を大きく揺るがせた歴史的なケースは、イギリスの南海泡沫事件と、同じ年に起きたフランスのジョン・ローのミシシッピ会社事件であったことは明らかである。

そこでは、多くの人びとが株式投機の渦に巻き込まれ、やがては沈んでいった。〝群衆心理〟は恐ろしい。人びとの心から理性を取り上げ、ただただ夢遊病者のように、短期的な利益を追い求めて右往左往するばかりだからである。

J・K・ガルブレイスは『バブルの物語』の中で、「恐ろしいのは人間の健忘症である」といった意味の言葉を残している。どんなにひどい目に遭っても、一〇年か二〇年もすればすっかり忘れてしまって、再び同じ誤ちを繰り返していることを指摘したかったのであろう。

ここでは、一九二九年十月にはじまった、アメリカ史上はじめての、そして最悪の〝大恐慌〟についてふれておくことにする。ごく近年のアメリカ経済も、あたかも七〇年前の出来事をすっかり忘れてしまったような、〝バブル〟を経験しているからである。

周知の通り、一九二九年十月二十四日はのちに〝暗黒の木曜日〟と呼ばれた、大恐慌の幕明けの日である。この日、午前中から下落しはじめたニューヨーク証券取引所の株価は、またたく間に破滅的な暴落の様相を呈し、そのあと長く続いた不況のさきぶれとなった。

いうまでもなく、アメリカの大恐慌は、それ以前のバブルというべき繁栄——株式相場の異常な高騰にリードされた——の反転現象であり、そこには、株式市場にひしめき合った民衆の群衆心理をみることができる。しかし、そうした民衆の投機心を巧みに操った、あるいは民衆に株式購入資金を提供した側の責任も追及されなければなるまい。前者が〝プーリング〟と呼ばれた一種の株価操作であり、また後者は銀行による〝ブローカーズ・ローン〟である。

まずプーリングについて述べよう。当時のニューヨーク証券取引所では、顧客から出された売買注文はすべてスペシャリストといわれる証券業者のみが知っており、この情報を聞き出すために何人かのトレーダーが組んでプール(1)を構成し、スペシャリストを仲間に引き込んだうえで、プール・メンバー同士で売買のキャッチボールを行うことが、おおっぴらに横行していた。

これはまさに〝みせかけの取引〟であるが、大衆投資家の目からみれば、まだ自分たちが知らない新しい情報によって、プロの連中が大きな取引をしていると信じ込み、またまた買いすすむことになる。プール・メンバーにしてみれば、まさに「頃やよし」というタイミングを計って、ひそかに市場から売り抜けるというやり方である。

もちろん、証券業者のすべてがこのようなやり方で大衆を騙そうとしたわけではなかったけれども、たとえ一部にでもこうした連中がいれば、結構、市場は彼らの動きに踊らされたのである。それにくらべれば、ブローカーズ・ローンは決して倫理に反するものではなかった代わりに、主として個人投資家を大量に株式市場に呼び寄せる効果をもたらした。

ブローカーズ・ローンというのは、主に個人投資家が株式を購入する場合、銀行などの金融機関が証券業者を通じて、その資金を貸付けるという制度である。これは、主として短期的な株式売買によってキャピタル・ゲイン（売買差益）を獲得することを狙った人たちが、マージン取引――わが国で現在行われている信用取引に近い制度――で売買する際、証拠金差出分以外の部分を銀行などから借入れることである。

投資家がマージン取引を利用する場合には、かならずブローカー（証券業者）名義で行われたため、顧客の借入資金もブローカーを通さざるをえなかったところから、ブローカーズ・ローンの名がついたものと思われる。株式市場を破局に導いた株価高騰のどれくらいの部分が、このブローカーズ・ローンを利用して株式を売買していた個人投資家によるものかは不明であるが、多くの投資家が株価大暴落で大きな痛手を蒙ったことは間違いない。

なお、このブローカーズ・ローンと株式投機の因果関係を解明して、三〇年代における一連の証券法の制定につなげようとする試みがなされた。それは〝資金拘束論争〟として知られているもので、私事でいうなら、私の大学院修士学位論文のテーマもこの点に関するものであった。

このときの資金拘束論争では、ブローカーズ・ローンの株式市場への流入が、本来はほかの分野に流通すべき資金を拘束する結果になったかどうかについて、論者たちの意見は三つにわかれた。すなわち、①拘束論（連邦準備局、ハニー、ベックハートなど）、②条件付拘束論（マハループ、ライシュなど）、③不拘束論（カッセル、エイトマンなど）である。

私は、マハループの説、つまり投資家がブローカーズ・ローンを借り入れて株式投機を行い、それにともなってキャピタル・ゲインが得られた場合、再びその資金を使って株式投資を行えば資金は株式市場に拘束されるが、そうではなく、獲得した資金をほかの分野で消費すれば、国民経済的見地からは株式市場が資金を拘束したことにはならない、とする主張に全面的に賛成であった。

またこのあと、連邦準備局がマージン取引の証拠金率の決定および変更を、金融政策の一手段として取り入れたことは、このときの論争の成果であったと考えられる。

私はマハループがジョンズ・ホプキンス大学教授のとき、一度、講義を聴いたことがあった。しかし、もうそのときは、国際経済学を講じていて、私の興味をひく話はついに聴くことができなかったけれども。

ニュー・ディール政策とケインズ

大恐慌の最中に行われた大統領選挙に立候補した民主党のF・ルーズベルトは、〝ニュー・ディール政策〟を選挙公約に掲げて、見事に当選を果たした。ルーズベルト大統領のやり方は、まさに「新規巻き直し」であって、巨額の財政資金を投入して公共事業を拡大し、失業者を吸収して有効需要を起こさせ、それを挺子《てこ》に、民間投資を喚起させるという手法であった。

これは明らかに、正統派経済学の伝統に反するものであった。正統派経済学が説くところによると、不況が続いたからといって政府が経済に介入する必要はない。アダム・スミス（Adam Smith, 1723-1790）がいみじくもいった通り、「神のみえざる手」によって元通りに回復するというのである。つまり、政府が財政支出によって民間経済に介入することを、経済学では認めていなかったことになる。

一九二九年十月にはじまった大恐慌は、一年経っても二年経っても収束せず、逆に深刻さの度合いを深めていった。この当時は共和党のフーヴァー大統領の時代であり、フーヴァーは経済学の教えを忠実に守って、ほとんど政府としてはなにもせず、手をこまねいて事態を静観するという態度に終始していた。ルーズベルトはこの点を衝いて、ニュー・ディール政策を提唱したのである。しかしこれは、正統派経済学への挑戦といえるアイデアであり、きわめてラディカルな考え方であった。

ところが、国民の圧倒的支持を受けて大統領選挙に当選したルーズベルトを待ち受けていたのは、株式市場の崩壊であり、銀行の破滅的状態であったから、まず証券・銀行に関する法的規制の確立からはじめなければならなかった。その成果が、一九三三年銀行法（グラス・スティーガル法）、一九三四年証券取引所法など、一連の法律となって現われた。

したがって、ルーズベルト大統領が掲げたニュー・ディール政策が本格的に始動したのは、すくなくとも一九三四年以降のことに属するといってよい。それは、ＴＶＡ（テネシー渓谷開発計画）にみられるように、きわめて大がかりなプロジェクトであり、これらに対して巨額の政府資金が投入された。その結果、アメリカ経済はようやく長く暗い不況のトンネルの先に、曙光をみいだすことができたのである。

ここで、かの有名なケインズを登場させよう。それまでの経済学を一気に葬り去るほどの衝撃を与えた、『雇用・利子および貨幣の一般理論』を著した、Ｊ・Ｍ・ケインズ（John Maynard Keynes, 1883-1946）である。

ケインズの『一般理論』が出版されたのは一九三六年であり、それは、ルーズベルト大統領のニュー・ディール政策進行中の時期にあたるが、ケインズはそれまでにも数かずの著書や論文において、彼の卓越した主張を経済学界に注入していた。その集大成が『一般理論』だったのである。しかし、『一般理論』はきわめて難解な書物で、その内容を要約することさえ容易ではないが、このあと、私なりに理解している部分を紹介することにして、とりあえず、ケインズがルーズベルトに示したニュー・ディール政策の評価について、ここでみておくことにしたい。

イギリス人ケインズがルーズベルト大統領とはじめて会ったのは、一九三四年三月に渡米した際のことである。それを仲介したのが、ケインズとは旧知のフランクファーターであった。彼はこのとき、ルーズベルトのブレーンの一人となっていて、ケインズにルーズベルト大統領への助言を依頼した。ケインズは早速、「大統領への公開状」をルーズベルト自身に送るとともに、『ニューヨーク・タイムズ』にも寄稿している。ケインズはこのとき、同紙につぎのように書いた。

図1　J. M. ケインズ

> あなたはみずから進んで、現在の社会体制の枠内で筋の通った実験を行うことにより、われわれの時代の害悪をとり除こうとする人びとの受託者となりました。もしあなたが失敗すれば、理性的な改革は世界中で毛嫌いされ、因襲的な正統主義と革命とが最後まで闘い抜くことにな

るでしょう。しかし、もしあなたが成功すれば、新しいいっそう勇敢な方法が各所で試みられ、われわれは新しい経済時代の第一章があなたの就任の日に始まると記録することになるでしょう。（塩野谷祐一訳による）

このようにケインズは、ルーズベルトのニュー・ディール政策を一貫して評価した。ケインズにしてみれば、一九三〇年に刊行した大著『貨幣論』の中では、主に自国イギリスが当面していた諸問題を念頭に置いた展開がなされていたが、アメリカで大恐慌がはじまり、それが世界各国にも伝播するようになって、ケインズの関心と視野はアメリカを含む他国にも拡大されるようになった。その意味では、『一般理論』は書かれるべくして書かれた、ケインズの著作の〝決定版〟ともいうべき作品であった。

しかもそれは、ルーズベルト大統領が推進しているニュー・ディール政策に、理論的根拠を与える性格のものでもあった。のちに、各国で採用された政府による大幅な民間経済への介入政策が、〝ケインズ政策〟とか〝ケインズ的政策〟と呼ばれるようになったのもそのためである。

『一般理論』の政策的主張

西部邁によれば、「『一般理論』の骨子を一言でいうと経済学のなかに行為論的な要素を持ちこんだことだ」と断じている（『ケインズ』岩波書店）。すなわち西部によると、人間は主観的に構成された意味を担って、不確実な未来へ向けて行為する。ケインズ以前の正統派経済学においても、こうした行為論的思考がみられなかったわけではない。しかし、それはたとえば、「人間は効用関数を最大にするように行動する」という機械論的な発想であって、ケインズはむしろ、需要と供給との間の相互作用を基礎とする市場理論が、将来における展望の変化によって大きく屈折する、いい換えれば、人間の経済行動は主観的であり不確実だという点を彼の経済学に持ち込もうとしたということになる。

この点が、実は私がケインズをあえてここに登場させた最大の目的でもあるのだが、その内容は本章の〝かくし玉〟であるため、もうすこしあとで述べることにして、ここでは、『一般理論』の分析的枠組について敷衍《ふえん》することにしよう。

ケインズ・モデルにおいては、雇用量や国民所得を決定する要素は、国民の消費性向と資本の限界効率、それに利子率の水準によって決まるという考え方から出発している。このうち利子率は、人びとの流動性選好と貨幣数量に依存しているため、結局は、消費（あるいは貯蓄）と企業の投資がどの水準にあるのか、および貨幣がどれくらい供給されているかによって、雇用量や国民所得も変わってくるというものである。

もうすこし別のいい方をすると、家計部門の消費と貯蓄、および企業部門の投資は、貯蓄と投資の需給関係によって変化するものであるから、貯蓄水準にくらべて投資水準が低すぎれば生産規模は縮小せざるをえず、その結果、雇用量も産出量も低下してしまう。したがって、国民の貯蓄を企業部門に十分に供給できるようにしなければ、不況からの脱出はおぼつかないと、ケインズは主張した。

さらにケインズ経済学では、投資乗数という概念が重視されているのが、大きな特徴のひとつである。ケインズは、もし民間企業部門において有効需要が不足するのであれば、これを公共部門に肩代わりさせ、そこから民間部門に乗数効果が波及するようにすればよいと考えたのである。

私はもともと、ケインズの『一般理論』が苦手で、学生時代には何度読んでも理解できなかった。しかし、これは誰にも共通するようで、たとえば、元経済企画庁内国調査課長として、『経済白書』の執筆に直接関わり合った人で、日本経済研究センター会長も歴任した、日本有数のエコノミストである金森久雄氏も、『日本経済新聞』紙上でつぎのように述懐しているほどである。

私は一九四八年に通産省（当時は商工省）に入ってすぐ、ジョン・メイナード・ケインズの『雇用・利子および貨幣の一般理論』を読んだ。この頃は外国の本を輸入することも難しかったが、幸い戦争中日本で出した海賊版があったからだ。少しもわからなかった。四九年には塩野谷九十九氏の翻訳の戦後版が出た。それを読んでも霧の中にいるような心持ちであった。

金森氏は、右の文章に続けて、「ケインズ経済学から三つの重要な点を学んだ」と書いている。その三つとは、第一に「経済をマクロ的にとらえる」こと。第二に「経済は自由に任せておいたのでは需要不足で失業が起きたり、過熱してインフレになる。マクロ的な有効需要政策によって調整しなければならない」こと。そして第三に「ケインズ理論は経済の分析や政策の決定に役立つ道具を提供してくれた」こと、であるという。

私自身は金融論を専攻していたから、すくなくともケインズの『貨幣論』は読んでいたし、その延長線上で、『一般理論』においてより精緻になった利子率の流動性選好説だけは、なんとか理解することができた。

たしかに、中央銀行が十分な貨幣数量を供給して、利子率がのぞましい資本支出を刺激しうる程度まで下がることを誘導すべきである。しかし、ケインズは中央銀行の金融政策が、それによって雇用や失業の問題を完全に解決するほどに強力であるとは考えなかった。そこでその代替案として、政府が投資総量を拡大する手段を持たなければならず、そのためには、公共部門に対する財政支出を自らが左右する統制力を発揮すべきだと主張したのである。

資産運用者としてのケインズ

ケインズが、それまでの経済学をまったく書き換えるほどの画期的な貢献をしたことは、さきに述べた『一般理論』によって一目瞭然である。もちろんケインズの業績はそれに尽きるものではなく、純理論から政策的主張まで、経済学から行政学・政治学にいたるまで広範におよんでいる。

しかしケインズが、たんなる〝学者〟でなかったことは、いろいろな面での彼の足跡が物語ってくれる。

なかでも有名なのは、ブルームズベリー・グループでの活躍であろう。ブルームズベリー・グループというのは、ケンブリッジにおける私的で知的な集まりで、このグループには、作家のヴァージニア・ウルフや画家のヴァネッサ・ベルなども加わっていて、ケインズもこのグループの有力なメンバーとして貢献した。

それは、芸術の世界に対して彼が行った助言的活動にもよるが、それよりも、ケインズが行った財政的援助によるところが大きかった。それでは、ケンブリッジ大学でたいした額の報酬も受けていなかったケインズが、どのようにしてまとまった資金をつくることができたのだろうか。その答えは、外国為替と商品の先物投機で得た莫大な利益にあった。

ケインズは、一九〇九年からケンブリッジ大学で、主として経済学の講義をはじめたが、一九一一年からは大学の資産委員会の委員長のポストも託されており、そこで、従来の保守的な資産管理の改革に成功したため、出納係にも就任している。

もちろんケインズは、たんに資金運用を大学のためだけでなく、自分自身のためにも積極的に行った。一九一三年からは、株式投資にも手を染めるようになった。そういえば、彼の大学における講義の担当科目表をみると、「経済学原理」や「インドの通貨と金融」などと並んで、「株式取引所と金融市場」、

「企業金融と株式取引所」という科目名と出会う。ケインズは、理論の道と実践の道とを同時に歩んだのである。

私など、大学で長年、「証券論」を教えてきたが、いまだに本格的な株式投資をしたことがないし、いわんや大儲けした経験もない。やはりこのあたりが、凡庸な人間と非凡な天才とのちがいなのであろうと、あきらめている。

ケインズが本格的に、株式を含めて外国為替や商品の先物投機に乗り出したのは、一九一九年からだといわれている。彼はまず、大蔵省に勤めていたころの同僚だった、オズワルド・T・フォークの会社を通じて、外国為替投機に手を出した。ケインズは、これで儲けたのにすっかり気をよくして、フォークと共同してシンジケートを組織し、順次、取引規模を拡大していった。

ところが、アメリカのデフレ政策の影響で為替相場が大きく変動したため、ケインズはすっかりやられてしまった。このときは、借金と父親からの援助によって、なんとか難局を乗り越えたが、その後はケインズ一流の才気と自信とによって、さらに投機にのめり込んでいった。

外国為替だけでなく、穀物・一次産品・綿花・砂糖といった商品全般にも、投機の範囲を拡大して成功を収め、一九二二年には、ケインズはそれまでの負債をすべて返済しただけでなく、二万ポンドを超える資産を手にすることができた。一九三七年までに、五〇万ポンド以上の資産額に達したというから、ケインズは大変な〝博才《ばくさい》〟も備えていたということができる。

ケインズの投機は、たんに彼個人のためだけにとどまらず、前述したように、ケンブリッジ大学の会計官として、大学の資産運用にも関わったし、さらには、プロヴィンシャル保険会社の役員としても、一生涯、同社の投資政策を指導した。ケインズは、これらの仕事を自らのぞんでやったというから、彼自身、資産運用や投機が根っから好きであったのではあるまいか。

彼は毎朝起きるまでに、ベッドの上で証券会社から送られてくる情報や新聞記事にも目を通し、彼自身の分析と戦術を練ったうえで、三〇分後にはその日の判断を下したといわれる。

ケインズが、とくに一九一九年から資産運用を熱心にやり出したのには、当然ながら具体的な動機があったはずで、それは、ザンクトペテルブルク（現ロシア共和国）生まれのバレリーナ、リディア・ロボコーヴァを見染めたことであった。ケインズはこのときまだ独身だったが、一九一八年秋に彼女が公演でロンドンに来たとき、たまたま出会ったのである。

このときリディアは、レオニード・マシーノの新作バレエ『上気嫌の貴婦人たち』でマウリシアの役を踊り、ケインズは彼女の楽屋を訪れている。最初から、リディアの魅力にとりつかれた感じである。いくら大学者だからといって、恋もすれば悩みもするものである。ケインズは、リディアのバレエをブルームズベリーの仲間たちと一緒に観に行くために、一等席の切符を買い、彼女とのぜい沢な食事を楽しむためにも、それなりの〝軍資金〟が必要だった、というわけである。

ちなみに、ケインズとリディア・ロボコーヴァとは一九二五年に結婚し、四六年四月に、彼がチャールストン近くのティルトンの家で心臓病で亡くなるまで、リディアはずっとケインズの傍をはなれることがなかった。

ケインズの美人投票論

さてここで、いよいよ本章の〝かくし玉〟を披露することにしよう。といっても、すでにケインズの〝博才〟ぶりについて述べたばかりなので、もう見当をつけている読者もすくなくないだろう。

もう一度、西部邁がいった言葉を思い出してほしい。すなわち、ケインズが『一般理論』で、「経済学に行為論的要素を持ちこんだ」というくだりである。ということは、ケインズによれば、人間は将来の見通しを主観的にとらえて行動するから、結局、それは不確実性の世界だということになる。

もっと具体的にいうなら、たとえば企業の将来の収益や配当の見通しなどについても、誰もそれらを正確にとらえることができない。したがって、株式投資をする場合でも、株式が持つ本質的価値を測定して株価を予想し、それによって株式投資を判断することなどナンセンスだと、ケインズは喝破するのである。ケインズはなんと、『一般理論』の中で一節を設けて、株式市場と投資家の心理について、彼自身の主張を展開している。

マルキール（一三二ページ参照）は、ケインズのこの主張を〝砂上の楼閣《ろうかく》派〟と称して、いわゆる〝ファンダメンタル価値派〟（これについては次章でくわしく検討する）と対立的にとらえているが、私はケインズが名づけた通り、〝美人投票論〟と呼んでおきたい。それでは、マルキールがなぜ、ケインズの美人投票論を砂上の楼閣派と呼んだかというと、プロの投資家というものは、株式の本質価値を求めるためにではなく、大衆投資家がどのように行動し、彼らの希望的観測がどのようにして砂上の楼閣をつくり上げていくのかを分析することに、エネルギーを費やすものだ、と考えるからであろう。

さて、ケインズの美人コンクール論とはつぎのようなものである。とりあえず、『一般理論』の本文から摘記してみよう。

玄人筋の行う投資は、投資者が百枚の写真の中から最も容貌の美しい六人を選び、その選択が投票者全体の平均的な好みに最も近かった者に賞品が与えられるという新聞投票に見立てることができよう。この場合、各投票者は彼自身が最も美しいと思う容貌を選ぶのではなく、他の投票者の好みに最もよく合うと思う容貌を選択しなければならず、しかも投票者のすべてが問題を同じ観点から眺めているのである。ここで問題なのは、自分の最善の判断に照らして真に美しい容貌を選ぶことでもなければ、いわんや平均的な意見が最も美しいと本当に思える容貌を選ぶことでもないのである。（塩野谷祐一訳による）

ケインズは、株式投資も美人投票と同じだというのである。つまり、株式の投資価値を評価する場合に、いくら自分自身は「上がる」と予測しても、市場参加者の平均的部分が同じ予測をし、同じ行動をとらないかぎり、その株式の価格は上がらない。したがって、その株式の価値を評価するよりも、市場の大勢を予測する方が効果的だということになる。これはまさに、群衆心理というか市場心理をいい当てた卓見というべきであろう。

株式投資で成功するには、このように大衆がどのように動くかをみさだめて、大衆が行動を起こす一歩先に売買を行うことが必要である。その意味では、ケインズの美人投票論はプロのための株式投資論というべきであろう。

株式市場では、とくに大衆投資家は株価が上がれば「買い」行動を起こし、その反対に、株価が下落すると「売り」に走る傾向がしばしばみられる。経済学では、価格が上昇すれば需要は減少し、価格が下がると需要は増大すると教えるが、株式市場ではこれとまったく反対のことが起こりうるのである。

これは、株価が上がれば、「もっと上がる」と予測する人がふえ、逆に株価が下がると、「まだまだ下がる」と予測する人が多くなるからである。この結果、株価は一方の方向に極端に動く傾向がある。これなども、群衆心理というべき現象であり、プロの投資家はこの傾向を利用して、たえず大衆投資家よりも一歩先んじて行動を起こすのがつねである。反対に、バスに乗り遅れて損失を招くのは、いつも大衆投資家だということになる。

注

（1）プールには取引プールとオプション・プールの二種類があって、一九二〇年代の株価高騰期には、もっぱらオプション・プールが流行した。プールというのは、トレーダーやブローカーなど市場関係者が中心となって、合同勘定（つまりプール）で株式を売買する、株価操作のことである。株価が上昇した時点で大衆投資家に肩代わりさせ、利益をあげることを目的としていた。

第4章　株式の評価と予測をめぐる優雅な対立

ファンダメンタル価値学派の始祖

ケインズの美人投票論、あるいはマルキールがいうところの砂上の楼閣派が、株式価格は市場に参加する人びとの群集心理によって決まると主張するのに対して、それとは反対にオーソドックスで株価理論の本流といえるのが、ファンダメンタル価値学派である。

株式価格を決定する基礎を、企業の収益および配当に求めようとする、すなわち、株式のファンダメンタル（本質的）な価値を測定することによって株式投資の判断材料にするのが、このファンダメンタル価値学派の特徴だといえるだろう。

なんといっても、この分野における研究は、アメリカが他に圧倒的な差をつけているが、その中でも最もはやくから数式を使ってひとつの体系化を試みたのが、J・B・ウイリアムズである。もっともウイリアムズ以前においても、ギルドの『株式成長と割引表』、プラインライヒの『配当の性質』、ウイーズの『真実価値投資論』などによって、株式の投資価値の評価に関する研究が、断片的ではあるが存在していた。しかし、ウイリアムズにいたってはじめて、株式の価値が体系的・数学的にとらえられるようになった、ということができる。

ウイリアムズは、一九三八年に著した『投資価値の理論』において、彼の考え方を余すところなく展開しているが、これを要約すればつぎのようになる。ウイリアムズはまず、株式の本質的価値を「株主に対して支払われるべき全配当の現在価値」であると定義する。これを方程式の形で表わすと、

$$V_0=\sum_{t=1}^{t=\infty}\pi_t v^t=\pi_1 v+\pi_2 v^2+\pi_3 v^3+\cdots\pi_t v^t \quad \cdots\cdots(1)$$

この場合、V_0は当初の株式の本質価値、π_tはt年目における配当である。またvを割引率（または資本還元率）とすれば

$$v=\frac{1}{1+i} \quad \cdots\cdots(2)$$

なお、iは投資家が要求する利子率である。

ここに、ウイリアムズの卓越した着想が凝縮されている。その第一は、株式の本質価値を徹底して配当だけに求めたこと、第二は〝割引率〟という新しい概念を用いて、株式の現在価値を導き出そうとし

たこと、である。なかでも、割引率（discount rate）という発想は、すくなくとも株式投資の世界では、それまでにはみられなかったものである。

まさに常識とは逆転した発想で、一年後にいくらのお金になるかというのではなく、一年後に手にするお金が現在いくらの価値なのかを考えようとするのである。ウイリアムズの主張は、その後のアメリカにおける株式分析の主流を占めるようになった。

もちろん、すぐあとにもふれるように、ウイリアムズの所説にはいくつかの欠陥や不備があるほか、企業の経営政策や投資家構造の変化の過程で、さまざまな改良がなされているけれども、基本的にはウイリアムズの主張はいまもって崩れてはいない。

ウイリアムズの主張の欠陥というか、問題点というのは、次の三点に要約できると思われる。

①内部留保利益の無視

ウイリアムズにおいては、配当だけが唯一の株式の本質的価値としてとらえられているため、収益から配当を差し引いた残りの部分、つまり内部留保利益をどのようにみるのかが問題となるところである。内部留保利益が将来において、すべて配当として株主に支払われるという保証がないかぎり、そして、現実においてそれはありえないとすれば、ウイリアムズが主張する、「配当を用いるわれわれの公式と、収益に基礎を置く常識の教えとの間に矛盾は存在しない」とはいい難いものがある。

②株式の長期保有仮定

ウイリアムズは、「株式の保有期間が長期化すればするほど、保有期間中の配当の重要性は高まる」といっており、株式の長期保有を前提に立論を展開している。しかし、株式保有期間が長くなればなるほど、株式の本質価値の正確な計測が困難となることは免れない。証券アナリスト試験の標準的テキストとなった、『証券分析』の著者であるグレアム＝ドッドは、この点について、よほどの高率成長のケースを除けば、せいぜい向こう四年間ぐらいが予測の限界であるとの見解を述べている。

③配当の無限大仮定

ウイリアムズは、企業の活動状況に応じて、配当に関しても四つのケースにわけて、それぞれの評価公式を示しているが、なかでもウイリアムズが重視しているのは、これから成長が期待される企業であり、そこでは配当が永久に増大し続けることを前提にしている。しかし、配当が無限に成長し続けることを仮定して株式の本質価値を評価しようとするのは、明らかに誤りであるし、現実的ではない。

もし、配当の無限成長を仮定すると、配当成長率gが投資家が要求する利子率iに等しいか、あるいは配当成長率が利子率を上回れば（すなわち $g \geqq i$ のとき）、株式の本質価値は無限大になってしまう。これが、いわゆる〝成長株パラドックス〟（growthstock paradox）として知られる現象である。

ファンダメンタリストの目のつけどころ

右のような不備や欠陥があるにせよ、ウイリアムズが提唱した、「株価は、株式を保有し続けることによって将来、受け取ることのできる利益の現在価値の合計である」というアイデアは、その後の株式分析論のバイブルとなり、現在なお生き続けている。

もっとも、ウイリアムズが固執した、「配当だけが株式の本質価値である」という論点は、最近では配当だけでなく内部留保利益を含む収益全体に拡大されているが、証券アナリストたちはもっぱら、ファンダメンタル価値学派の忠実な使徒として、日夜、企業利益の将来予測に専念している。

それでは、ファンダメンタリスト――証券アナリストを含む、ファンダメンタル価値学説の信奉者――は、なにが株価を決める最も基本的なポイントだと考えているのであろうか。この点は、将来、証券アナリストを目指す大学生にとっても関心のあるところだと思われるので、マルキールの逆説的主張も引用しながら考えてみよう。

それは第一に、期待成長率とその持続期間である。

株式の本質価値を配当でみるか、それとも収益全体としてとらえるかはむずかしい問題である。ウイリアムズのように、今期の内部留保利益は来期以降における配当の予備軍だと考えれば、株式の価値を配当だけでとらえ、その成長率が高ければ高いほど高い評価を与えればよい。

しかしながら、近年における企業の現状をみた場合、むしろ配当性向を低くして、できるだけ内部留保分を取り込み、キャッシュフロー[1]として将来の投資に備えようとする傾向が強い。したがって、収益全体の成長率が高いか低いかを予測する方が、より重要な視点になってきている。

問題は、高い配当率なり高い収益率が長期にわたって持続可能かどうかである。人間や動物にとって、死は避けられない約束事である。近年、日本人の平均寿命が男女ともに世界一の水準に達したからといっても、それが喜ぶべきことであるかどうか疑わしい。むしろ、「長生きしなければならない」苦しみが長期化するだけかも知れないからである。それでもかならず死は訪れる。

企業や産業にとっても死がやってくるのだろうか。かならず死ぬとは限らないところが、人間や動物とちがう点であるが、やはり〝ライフサイクル〟は存在する。ひとつの企業が絶えず成長を続け、それが一〇〇年も二〇〇年も続くことは、おそらく絶無であろう。

私が大学を卒業した当時、優秀な学生の多くは帝人や東レ、東洋紡など、化繊メーカーや紡績会社に就職した。これらの企業がそのころの成長企業だったからである。東芝や松下電器などもそうだった。ところが現在では、このような企業が成長産業だと考える人は誰もいない。反対に、IT関連の企業は現在における最も輝かしい産業だが、はやくもこれらの業界の成長率は低下している。

このように、産業や企業のライフサイクルも考慮に入れながら、より高い収益あるいは配当を、長期間持続できる企業を探し当てなければならない。それが証券アナリストにとって最大の仕事である。

第二の問題は、リスクについてである。

株式はリスク資産といわれている。なんとなれば、株式価値の基礎である配当にしても、あるいはトータルの利益にしても、決して安定しているわけではなく、経済環境や政治・社会状況、あるいは突発的なアクシデントなどによって、大きく変動する可能性が、絶えずつきまとっているからである。

しかし、こうした株式に随伴するリスクを冒してこそ、将来における高い収益が期待されるのであるから、リスクを嫌う投資家は最初から株式には近づかない方がよい、という理屈に導かれる。とはいえ、できることなら、リスク資産である株式の中でも、比較的リスク度の低い株式を選択する方がのぞましいことはいうまでもない。

株式のリスクというのは、配当や収益の変動性もさることながら、それらを反映する鏡としての株価の変動性に、最も大きく現われるものである。多くの個別株式の価格を時系列的に観察すると、きわめて変動性の大きい株式と、その反対に、比較的緩やかにしか変動しない株式の両極端にわかれていることがわかる。

前者は、わが国ではしばしば〝仕手株〟と呼ばれ、一般投資家はこれに近づかない方がよいとされている。手痛い火傷を負うおそれがあるからである。その反対に、後者は主に電力株やガス株など公益性の高い企業にその例が多い。アメリカでは、このような株式のことをブルーチップと呼んでいる。日本では優良株のことをブルーチップだと理解している人がすくなくないが、アメリカでは、株価変動率が低くて、しかも長期的には、株価が右肩上がりに上昇している株式のことを指しているように思われる。

しかし、株式のリスク、つまり株価の変動率を正確に予測することは、まったく不可能に近い仕業であって、これを証券アナリストに委ねることは酷というものであろう。そこで、いかにして株式投資からリスクを除去すればよいか、あるいは回避することができるのかという点については、証券実務者だけでなく多くの経済学者も強い関心を寄せてきた。しかし、これらについてのさらに突っ込んだ議論は、第5章に譲りたい。

証券アナリストの世界

アメリカでは、大学院のビジネス・スクール出身者のすくなからざる人数が、ウォール街に証券アナリストとしての人生を歩むために集まっている。もちろん、証券アナリストの資格試験が制度化されているから、それを一次、二次と順次合格して、一人前の証券アナリストになることになる。

しかし、かならずしも資格を持っていなくても、アナリストとしての能力さえあれば、証券会社や投資顧問会社、あるいは生命保険会社、企業年金基金などに専門家として迎えられているケースもすくなくない。

証券アナリストの仕事は、なんといっても企業の収益予想が中心である。日本とちがってアメリカでは、企業が決算期の途中で自社の業績予想について事細かに発表することはないし、いわんや、アナリストだけにそっともらすこともありえない。それらはすべて、証券アナリストの任務に委ねられている。

したがって証券アナリストは、それこそ持てる能力のすべてを使って、担当している企業の業績予想に没頭しなければならない。アメリカで権威のある投資雑誌『インスティテューショナル・インベスターズ』誌では、毎年末に、上場企業ごとに最も収益予測に成功したアナリストを、トップ・アナリストとして紹介する習慣がある。

この記事をみて、優秀なアナリストを自社に招聘《しょうへい》しようとスカウト合戦が行われるのがつねである。私も、ある証券アナリストをニューヨークの彼の事務所に訪れたことがあるが、ちょうどそのとき、電話でスカウト話を持ちかけてきた会社があった。彼は私に、「よくこの電話で、うちに来ないかと誘いがかかるんだよ」と、事もなげに話をしてくれたことを思い出す。

証券アナリストは、とくにアメリカの場合は、通常、それほど多くの企業を担当しているわけではない。一般的にいうと、一人のアナリストがいくつもの業種にわたって担当することはありえない。ひとつの業種のうちの数社に限って分析している。これが日本の場合だと、アナリストの人数がすくないこともあるのだろうが、一人で何十社も抱えている例が決してすくなくない。これで果たして正確な予測ができるのだろうかと、私だって首をかしげてしまうくらいである。

そこで、もうしばらく、もっぱらアメリカの証券アナリストの話を続けたいと思う。アナリストが企業を分析する場合、化学分析と同じように、定量分析と定性分析とにわけることができる。定量分析というのは、文字通り、貸借対照表や損益計算書を中心とした財務諸表をひっくり返しながら、売上高や費用、収益率、法人税などの経営数字を、まさに〝定量的〟に分析する方法である。

それに対して定性分析というのは、もっぱら企業の質を分析するもので、たとえば労働組合の力が強いかどうか、合併した企業であれば、合併した旧会社の役員や社員の間がうまくいっているかどうかなど、有価証券報告書などには表われてこない企業内部の問題で、将来、企業業績に影響しそうなポイントを摘出する作業である。

したがって証券アナリストたちは、まず自分が担当する企業が属する産業の分析からはじめて、その産業の将来性を模索し、あるいは実際に工場見学に出掛けて、ラインで働く労働者からも取材するといった日々を送っている。その結果を分厚いアナリスト・レポートとしてまとめ上げると、彼（もしくは彼女。最近では女性アナリストの数が驚くほどふえている）は上司であるポートフォリオ・マネージャーに提出する。証券会社に所属するアナリストであれば、セールスマンに同伴して得意先をまわることだってすくなくないはずである。

私はかつて、証券アナリストの世界をかい間みる目的で、ニューヨークに短期間滞在したことがあったし、また日本の証券アナリスト協会にも首を突っ込んで、アナリスト制度の定着のために手を貸した経験もあるので、どうやら証券アナリストの能力について、高い評価を与えすぎているのかも知れない。

その点、これまでにも度たび、紹介したり引用したりしているマルキールのアナリストをみる目は、私とは相当に隔たりがあるように思われる。彼のアナリストに対する結論を、直接に彼の著書から引用しておくことにする。将来、証券アナリストを夢見る若い学生諸君にとっても、自らの戒めになればと考えるからである。マルキールはいう。

高給取りで、非常に困難な仕事に従事し、どちらかというと凡庸な手法でもってそれをこなしている、一般的には非常に高い知性を備えた人間というのが、私の描きたい平均的なアナリスト像といえるだろう。アナリストは、しばしば間違いを犯し、ときとして杜撰《ずさん》であり、恐らくは尊大であり、往々にして他の人々と同じプレッシャーに弱い人種だ。早い話が、彼らもまた生身の人間だということである。

実は私も、結論としては、かなりの点でマルキールの説に共鳴していることを、ここで告白しておかなければならない。

テクニカル分析は科学か芸術か

ここで、すこし見方を変えて、テクニカル分析といわれる、もうひとつの株価予測への接近方法について考えてみることにしよう。証券アナリストたちは、あくまでファンダメンタル価値の追求こそが、唯一の株式評価のあり方だと確信しているのだろうが、彼らとはまったくちがった哲学と方法論を用いて、株価予測に従事している人たちがいる。テクニカル・アナリストと呼ばれる集団がそれである。

テクニカル分析の基本的立場は、現在および将来の株価は過去の株価に依存していると考えるところから出発していることである。さらにいうなら、過去の株価の軌跡が将来そのまま繰り返して現われる、すなわち、株価変動は一定のトレンド（趨勢《すうせい》）とパターン（形状）にしたがう傾向があるというのである。つまり、過去における株価の軌跡の中から一定の法則性を探り出し、これをもって将来の株価予測に役立てようとする、きわめて実践的な性格の主張であるといえる。

株価運動の軌跡が一定の法則性を持つという理解は、『ウォールストリート・ジャーナル』誌の創立者として著名なC・ダウが主張するように、「株価は一度ある方向に動き出すと、一定期間、同一方向に動く傾向がある」という一種の経験哲学に、その基礎を置いているものと思われる。

このテクニカル分析の考え方は、わが国においても、徳川時代の米市場以来、いわゆる〝罫線《けいせん》〟として知られた相場予測法と同質のものであるが、いずれにしても、これらはあくまで過去の軌跡が将来にも再現されるという了解のうえに組み立てられているため、株価決定の基本的構造に大きな変化が起こった場合、かならずしも法則通りにはならない場面もしばしばみられる。

私がはじめて勤務したころの大阪・北浜では、路上に簡単なテーブルと椅子を置いて、株式相場の罫線を並べ、道を歩く投資家を呼びとめては解説し、罫線を書いた紙を売る人（罫線屋と呼ばれていた）が何人かいたものだ。ところが、日本経済の高度成長がすすみ、どの株式もほぼ一直線状に上昇を続けた結果、過去の株価の軌跡である罫線が、まったく役に立たなくなってしまった。そのうちに、罫線屋も

表1　3大株価理論の比較

	ランダム・ウォーク説	ファンダメンタル価値説	テクニカル・アナリシス
株価とはなにか	確率変数	企業収益の反映	過去の株価の軌跡
企業収益との関係	毎日の株価に投影	現在の株価に投影	過去の株価に投影
将来の予測は可能か	不可能（予測自体が無意味）	可　能（証券アナリストの能力の問題）	可　能（株価の法則性を信頼）

一人減り二人減り、とうとうまったく姿を消してしまったことがあった。

しかし近年になって、アメリカもそして日本でさえも、経済は〝成長〟よりも〝循環〟的要素を高めるようになって、再び、「過去の株価の軌跡を分析することによって、将来の株価が予測できる」とするテクニカル分析が復権してきたのである。日本でも、証券界を中心にテクニカル・アナリストたちが結集して、日本テクニカルアナリスト協会が一九七八年に創立されており、かくいう私も創立以来のメンバーで、現在では、同協会の名誉会員に名を連ねているから、あまりテクニカル・アナリストの悪口をいうことは、遠慮しなければなるまい。

しかし、テクニカル分析が「科学か芸術（アート）か」という点になると、かならずしも科学的手法に基づく合理的な分析手法とは断定できないという難点が、依然として残されているように思われる。

アメリカにおいては、テクニカル分析に対して、主にランダム・ウォーク理論を信奉する経済学者の間から、きびしい批判がなされてきたが、ランダム・ウォーカーvsテクニカル・アナリストの関係は次節であらためて取り上げることとし、ここでは、ファンダメンタル価値学派との関係について、一言ふれておきたい。

もちろん、証券アナリストの側では、テクニカル・アナリスト――過去の株価のチャートを用いるので、チャーチストともいわれる――を歯牙にもかけない態度で一貫しているが、チャーチストたちも黙ってはいない。その端的な表現を、『フューチャーズ・テクニカル・アナリシス』の著者である、J・D・シュワッガーの文章から引用しておこう。

われわれは、価格のチャートには、あらゆる好悪双方向のファンダメンタルズや心理的ファクターを差し引きした影響が明瞭かつ簡潔に示されていると信じています。一方、正確なファンダメンタル分析のモデルは、もし本当に可能であればの話ですが、非常に複雑なものになってしまうでしょう。しかも価格の予測対象期間にわたる各種のファンダメンタルズのデータを予測しなければなりませんし、その結果出てきた価格の予想というものはエラーに対して非常に脆弱であるといわざるをえません。（日本テクニカルアナリスト協会訳）

なお、この節の締めくくりとして、例によって辛らつな、マルキールに登場してもらおう。彼はテクニカル・アナリストに対しても、かくの通り攻撃的なのである。

ご覧の通り、私はチャーチスト（テクニカル・アナリストのこと＝引用者注）に対して偏見を持っている。それは、個人的な好き嫌いという次元だけでなく、プロの立場に立ったときの見解でもある。テクニカル分析は、学者の世界では異端の教義であり、それを非難するのは私にとって喜びでさえある。

株価はサイコロと同じ確率現象

テクニカル分析が、過去における株価の軌跡を分析して、将来の株価予測に役立たせようとするのは、いってみれば、株価の連続性を信じているからにほかならない。まさに、「歴史は繰り返す」という、一般に信じられている常識を信奉しているのである。

ところが、このような考え方に真向から異を唱えている人たちがいる。それは、主として経済学者に多い。彼らは、市場で決定される株価を、過去の株価から統計学的な意味で独立的な確率変数としてとらえようとする。ここで、株価がランダムな確率変数であるというのは、毎日の株価は、その日その日の情報を分析し評価した投資家たちの行動によって決定され、また明日の株価は、明日に市場にもたらされる情報を解析して、今日とは独立して決定されるということを意味している。つまり、「株価には記憶装置が無い」ため、将来の株価を予測することさえも無意味だということになる。

もっとも、ランダム・ウォーク理論においては、〝効率的市場仮説〟を前提にしており、投資家はすべて市場に与えられた情報に基づいて株式を評価し、行動を起こすものとする。また株式に関する情報は、その日に新たに追加されるものもあれば、過去の情報がそのまま累積している場合もあり、その意味で、情報の連続性を否定するものではない。情報は依存的、連続的であるが、その情報を元にして決定される株価は独立的であるというのである。

ランダム・ウォーク理論の始祖とみられるのは、二十世紀初頭に『投機の理論』を著したL・バシュリエである。彼はその中で株価変動の独立性を主張したが、このときは経済学者の関心を惹くまでにはいたらなかった。むしろ、ブラウン運動――液体や気体中に浮遊する微粒子が流体分子からの衝撃を受けて行う不規則な運動を指す――を説明するものとして、物理学の分野に影響を与えたにとどまった。

しかし一九六〇年代から七〇年代にかけて、E・ファーマ、P・クートナー、M・G・ケンドール、A・ムーアなどの学者による、一連の統計論的研究が実って、ランダム・ウォーク〝仮説〟と呼ばれる主張が台頭してきたのである。

〝ランダム〟という言葉は、でたらめ――つまり「出たら目」――という意味なので、ランダム・ウォーカーたちは、財務諸表を相手に奮闘している証券アナリストからも、また一日中チャートとにらめっこをしているテクニカル・アナリストからも、ともに目の敵にされてきた。

マルキール流のいささかお下劣な比喩をもってすると、ランダム・ウォーカーの目からみれば、「目隠しをしたパンツもはいていないサルに、新聞の相場欄めがけてダーツを投げさせ、それで選んだ銘柄でポートフォリオを組んでも、専門家が注意深く選んだポートフォリオと、さほど変わらぬ運用成果を上げられる」ということになるのだろう。

私は、日本にはじめてランダム・ウォーク理論を紹介したという自負を持っているが、最初のころはランダム・ウォークという言葉自体が、まだ国内では普及していなかったため、どのような訳語をあてようかと迷ったものである。

ようやく、ある統計学のテキストの中で、「酔歩の理論」と訳してあるのをみて、思わず、「これだ」と歓喜したものの、これではあまり学術的な香りがただよってこないため、結局は原語のままで通すことにした。その後、ランダム・ウォークがそのまま使われてきたようである。

ランダム・ウォーク理論をここで詳細に述べることはむずかしいので、もし興味があれば、私が別の機会に書いた『株式価格の理論』（多賀出版）を読んで頂きたいと思う。

なにしろ、ランダム・ウォーカーによれば、「株価に記憶装置は無い」とか、「コインを投げて表と裏とが出る確率のようなものだ」などといい放つものだから、ウォール街のファンダメンタリストやテクニカル・アナリスト連中は、すっかり頭にきてしまったらしい。なかでも、テクニカル・アナリストたちのランダム・ウォーカーに対する反感は露骨なまでにむき出しである。

さて、私はこれまでのところで、株式投資や株価予測に関して、いくつかの学派や考え方について述べてきた。しかしその中で、いずれが最も正しいのかを判断することは実に困難である。ファンダメンタル価値論に立脚する証券アナリストは、実務界においては無くてはならないプロ集団であるし、少数派とはいえ、テクニカル・アナリストの力もあなどりがたい。

さらにランダム・ウォーク理論にいたっては、すくなくともアメリカにおいては、およそ株式に首を突っこんでいる経済学者のほとんどすべてが、いまやランダム・ウォーカーに改宗してしまっているのではあるまいか。いうならば、これは見事な共存ぶりである。しかし、お互いの間柄はいたって仲が悪い。

注

（1） 企業にとって、いつでも使える現金・預金という意味である。内部留保益以外に減価償却引当金も、キャッシュフローに含まれる。

第5章　ノーベル賞学者が手を貸す資産運用理論

リスク回避と分散投資

人間には、物事に対して積極果敢に取り組む攻撃的タイプの人間と、そうではなく、万事に慎重で防衛的なタイプの人間とがある。もちろん、多数の人間はその両者の中間タイプに属していると考えてよい。

これらは、幼児体験から培われた性格によるところも大きいが、環境次第で変わることもあるようである。こうした人間の性格は、資産運用や投資行動にも現われる。証券投資にはしばしばリスクがつきまとうものである。そこで、リスクに対して人間の性格がどのように影響するかという観点から、私はつぎのふたつのタイプに分けて考えることにしている。

日本の古い諺にこんなのがある。

「虎穴に入らずんば虎児を得ず」。

つまり、大きな利益を得ようとすれば、かならずそこにはリスクがつきまとう、という意味である。それでも構わずに、利益を勝ち取ろうと積極的に行動するタイプの人間を、諺にちなんで〝虎穴型人間〟と呼ぶことにしよう。

その反対にこんな表現もある。

「石橋を叩いて渡る」。

いわずと知れた、慎重な人間を評するときに使われる言葉である。このようなタイプの人間は、〝石橋型人間〟と呼ぶことができる。

さて、虎穴型人間なら、証券投資に際しても、「これは」と狙いを定めた株式に全財産を注ぎ込んでしまいかねない。その反対に、石橋型人間であれば、安全性を考えて株式よりも債券をえらぶであろうし、また株式ならひとつの銘柄に集中して投資するのではなく、いくつかの複数の銘柄に分散して、リスクをできるだけ小さくするよう心掛けるにちがいない。

投資家を分類すると、個人投資家と機関投資家に大別することができるが、ここまでの話では、主に個人投資家を頭に描いてきた。しかし、これが機関投資家になると、どのように考えればよいのだろうか。機関投資家にだって、虎穴型があるのだろうか。答えはもちろん「ノー」で、機関投資家はあくまで石橋型でなければならない。

なぜかというと、機関投資家といってもいろいろあるが、いずれの場合にも共通しているのは、「他人から預かった資金を運用している」という点だからである。〝他人の資金〟（other people's money）だから、リスクが発生しないように気をつけなければならない。

たとえば銀行を例にとると、預金者から預かった預金が投資資金の源泉になるのだから、安全性を最大限重視しなければならないのは当然である。また保険会社の場合でも、保険契約者から払い込まれた保険の掛け金を使って投資する。したがって、これまた安全を重視する必要がある。

このように、機関投資家が使える資金は、もっぱら〝他人の資金〟であるため、投資戦略を立てる場合は石橋型にならざるをえないということになる。そこで用いられる戦略はといえば、多数の証券に分散して投資することによって、リスクを分散するというタイプを採用することになる。

分散投資の思想は、アメリカを中心にかなり以前から普及していたように思われる。しかし初期においては、「同じ籠の中に同時に沢山の卵を盛ると、下の方の卵が押しつぶされたり、上の卵が落ちて割れるリスクがあるため、すこしずつ、いくつもの籠に盛り分ける」という、きわめて古典的なアイデアから出発した。

要するに、なんでもよいから多種類の証券に分散して投資すればリスクは避けられる、という考え方に立った、至極単純な発想である。しかし、たとえば電機産業の中から、日立、東芝、ＮＥＣ、松下などに分散して投資したからといって、果たしてそれがリスク分散効果をもたらすであろうか、という点を考える必要がある。

　もし日米間に貿易摩擦が生じて、日本からアメリカに対する輸出が制限されるような事態が生ずれば、たちまちこれらの電機株の株価は軒並み下落して、分散投資の効果が上がるどころか、逆にリスクが増幅してしまうことだって、大いにありうるからである。これは、たとえ分散投資をしたとはいえ、リスクが同方向に動く株式ばかりに、片寄って投資したために起こる現象であるから、真の分散とはいえない。

　しかし最近では、分散投資といえば、反射的に〝ポートフォリオ〟(portfolio)という言葉を思い出す人もすくなくない。それは、株式や債券など多種類の証券によって構成されている資産の組み合わせのことを、ポートフォリオと呼んでいるからである。

　したがって、先に述べた電機株への分散投資の仕方も、きわめて素朴な形ではあるが、ポートフォリオを組成したということにはなるだろう。しかしそこには、各証券間のリスクの相関関係はまったく考慮されていない。とりあえず、いろんな銘柄の株式に分散投資さえすればリスクは防げる、という考え方なのである。

　実は、投資証券の収益とリスクの関係を、ポートフォリオ全体の中でとらえ、投資家にとっての効用が最大になるようなポートフォリオの選択を、統計的手法を駆使してひとつの理論体系として提示した最初の研究が、H・マーコビッツによってなされた。そこで、マーコビッツのアイデアを、つぎに紹介しておこう。

マーコビッツのポートフォリオ選択論

マーコビッツは、証券ポートフォリオに組み入れる株式を選択する際に、古典的な、「卵をひとつの籠に盛るな」式の、きわめて単純かつ粗雑なやり方ではなく、統計的手法を用いることにより、合理的な選択が可能であることを、理論体系として示した。

数式を使って説明する方が理解は早いと思われるが、ここではそれを避け、ややまどろっこしいようでも、文章で説明することにしよう。

まずマーコビッツは、ポートフォリオを構成する個々の証券も、またその集合体であるポートフォリオも、リスクと収益というふたつの要素の組み合わせとして理解しようとする。

いま、株式Aと株式Bのふたつの株式があると考えよう。株式Aは収益の期待値（E）が二〇%であるが、それが実現する確率は〇・五であるとしよう。また、株式Bの収益の期待値は一〇%とする。この数値は株式Aよりも低いかわりに、それが起こりうる確率は一・〇であると考える。

この場合、株式Aと株式Bとでは、どちらの方がリスクは小さいかというと、たしかに収益では株式Aの方が高いが、株式Bは確実に一〇%の収益率が期待できるのであるから、株式Bの方がリスクは小さいことになる。

このように、マーコビッツは個別株式の収益は、期待される収益率をそれが起こる確率によって加重平均した統計値としてとらえようとする。一方、リスクについても、収益の期待値からのバラつき、すなわち分散値（V）を計算して得ることができると考えた。結局、マーコビッツは、株式の収益とリスクを統計的処理によってEとVに変え、このふたつのパラメーターをもって、株式投資の決定要素としたのである。

ところで、ポートフォリオに組み入れる株式のEとVとは、株式ごとにひとつずつ計算すればよいため、問題はすくないが、組み入れ株式相互間でリスクの方向が同一にならないように——つまり、たとえば自動車株とかIT関連株ばかりに片寄らないようにするために——、株式間のリスクの相関性をチェックしなければならない。

マーコビッツによれば、これも統計的手法によって共分散値（COV）を計算すればよいことになる。ところが、実はこの共分散値の計算というのが、大変にやっかいなのである。二個の共分散値の計算はかんたんであるが、なにしろその数が多いために、計算する量が馬鹿にならない。

かりに、株式の数が二銘柄であれば、計算すべき共分散値の数はひとつで済む。また、株式の数が三銘柄ではその数は三個となる。この調子で銘柄の数がふえれば、計算すべき共分散値の数は、それこそねずみ算式にふえていく。要するに、順列・組み合わせの公式を思い出して頂ければ容易に納得がいくと思うが、銘柄が一〇〇になれば共分散値は四九五〇、また五〇〇銘柄では一二万四七五〇にも達する。

気が遠くなるほどの計算数である。

投資信託や企業年金など機関投資家が組み入れている株式は、それこそ数百銘柄以上もあるから、このポートフォリオを組成する目的で共分散値を計算しようとしたら、とんでもない時間をコンピュータに強いることになってしまう。

もっとも、コンピュータの性能が格段に進歩した現在では、この問題はクリアーできるだろうが、マーコビッツによるポートフォリオ選択法の最大の問題点は、これだけ面倒な統計的処理を経ても、これ以上のベストな株式の組み合わせはないという、〝最適ポートフォリオ〟（optimal portfolio）が得られるわけではない、という点であろう。多数の〝有効ポートフォリオ〟（effective portfolio）群の中から、複数の〝効率的ポートフォリオ〟（efficient portfolio）をえらび出すにとどまるからである。

図1にみられる効率的ポートフォリオ曲線上からひとつの最適ポートフォリオ（A点）を抽出するのは、投資家の効用曲線によって決めるほか方法がない。実務上は、機関投資家のポートフォリオ・マネージャーの権限に委ねられることになる。

それなら最初から、手作業によってポートフォリオ選択した方が手っ取り早いではないかという批判が、主に実務界から生まれたのには、それなりの説得力があるようにも思われる。

しかし、だからといって、マーコビッツが提起した、統計的処理に基づくポートフォリオ選択の原理（いわゆるE―V投資規準）が、実務上使い勝手が悪いからといって葬り去られたわけでは決してない。

図1　最適ポートフォリオの選択

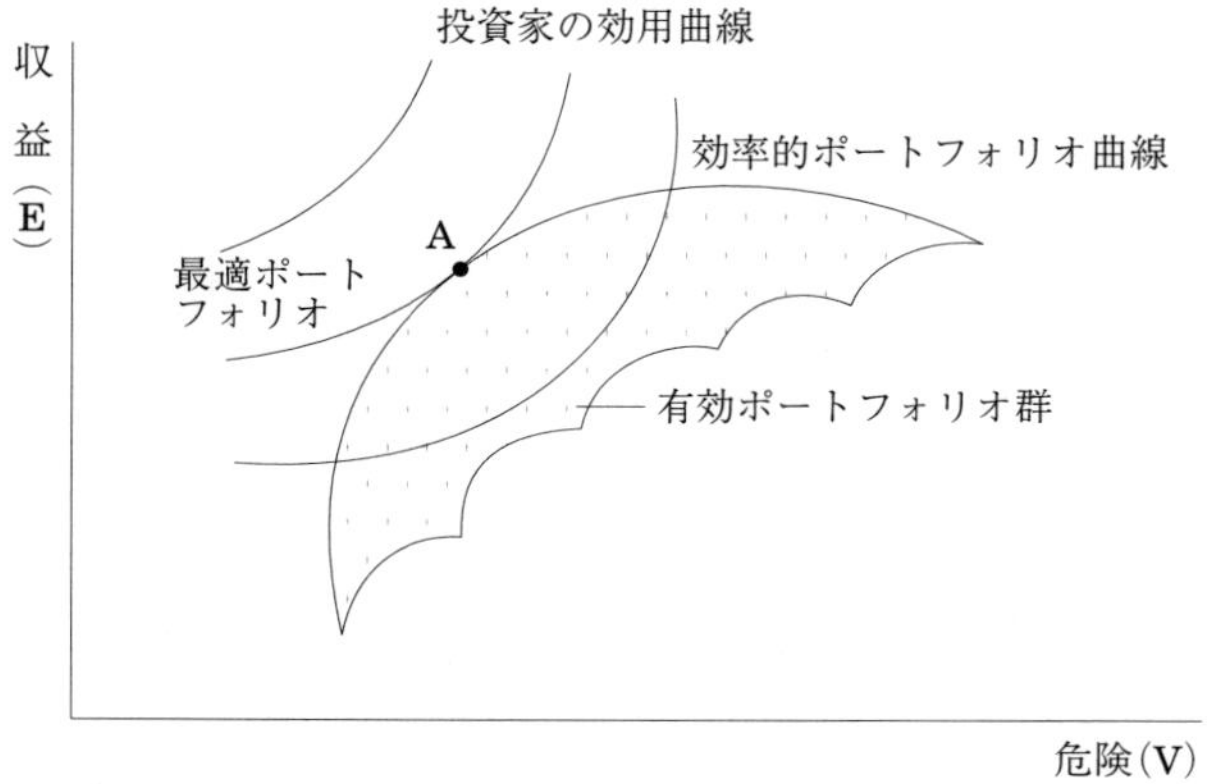

図2　無危険証券を組み入れた場合の最適ポートフォリオ

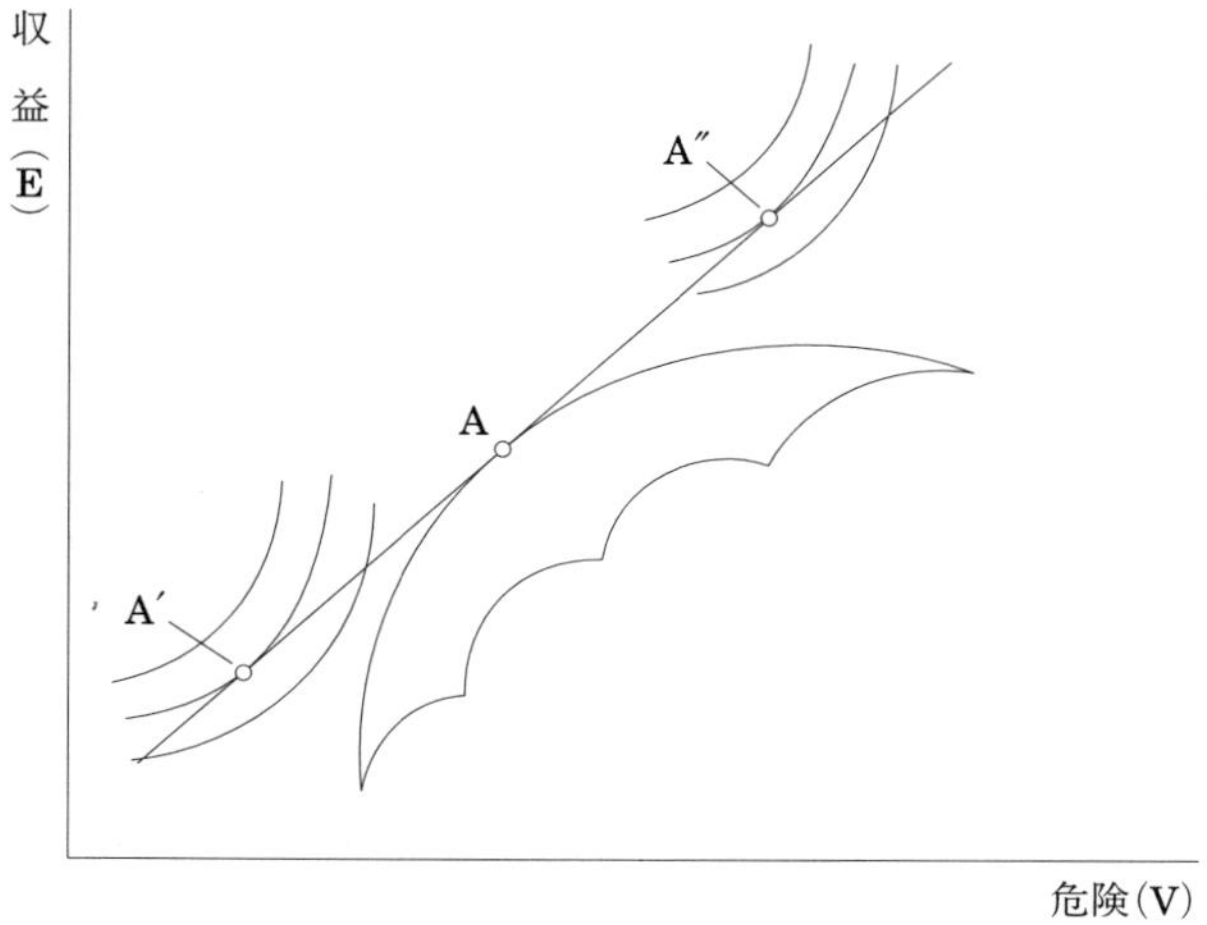

マーコビッツ・モデルが提起されたことによって、またそのモデルが持つ〝欠陥〟のゆえに、ポートフォリオ理論がより精緻化の方向をたどり、また現実に適用可能な、より実践的なモデルの開発へと道を開いたからである。

なおマーコビッツは、そのモデルの経済理論的貢献と、実務的適用への可能性の提起を評価されて、一九九〇年度のノーベル経済学賞を受賞している。このとき、マーコビッツとともに受賞したのは、M・ミラーとW・シャープであるが、シャープについては、マーコビッツの有力な継承者でもあり、是非、この機会に登場してもらわなければなるまい。

シャープのベータ理論とインデックス・ファンド

前述したように、マーコビッツ・モデルでは、投資家は期待収益とリスクの有効な組み合わせの中から、効用が最大となるような最適ポートフォリオを選択することを、その中心命題としているが、そこでは、株式に代表される危険証券だけが対象とされていた。これに対して、J・トービンは、預貯金など確実に収益を生む無危険証券と危険証券の組み合わせという、投資家にとって、より選択の幅が広いポートフォリオ選択の理論的アプローチを試みた（ちなみにトービンは、マーコビッツよりもずっと以前の一九八一年に、ノーベル経済学賞を受賞している）。

図2は、**図1**と同様に、危険証券のみから構成される最適ポートフォリオA点と、無危険証券を保有

したときの投資家の効用曲線とが交わるA′、A″各点が、危険証券と無危険証券とが混ったときの最適ポートフォリオを表わしている。

ポートフォリオ理論に関するトービンの寄与するところは、第一に危険証券ポートフォリオの最適セットを特定できること、第二に危険証券と無危険証券との組み合わせによって、投資家の効用を最大にしうる最適ポートフォリオを自由に選べること、の二点に集約することができると思う。

トービンの業績を、マーコビッツからシャープ（およびリントナー）へと続く現代ポートフォリオ理論の構築過程における一里塚とすれば――経済学界の大御所の業績を〝一里塚〟などと表現するのは畏れ多いが――、シャープは理論界のみならず実務界に対しても、あたかも山道をはばむ大石を取り除いたほどの功績を残した。すなわち、いまでは多くの投資家の間で広く知られている、〝ベータ理論〟を確立した。

シャープは、マーコビッツのようにポートフォリオを構成する株式間の相関関係にのみ注目するのではなく、たとえば株価指数などで代表される市場全体の動きと、個別株式との間の関係としてとらえることができないかと考えた。

これをもうすこし具体的にいうと、個別株式の収益とリスクは、市場平均からの乖離《かいり》の関係として計測できるというものである。かんたんな実例で、ベータ現論とはなにかを説明することにしよう。たとえばS＆P五〇〇(1)のような株価指数で表わされる市場全体の動きが、かりに一〇％変動したとき、個別株式がどのくらい変動するかを示す数値がベータである。

市場全体の変動率であるベータ値を一・〇と考え、たとえばある株式が二〇％変動すれば、これは市場全体の変動率一〇％の二倍に当るので、この場合のベータ値は二・〇である。反対に、市場全体が一〇％変動したのに、五％しか変動しなかった株式があるとすれば、この株式のベータ値は〇・五ということになる。

前者は、市場全体に対して反応度（あるいは感応度）が高いから、攻撃的（アグレッシブ）な株式であり、その反対に後者は、反応度が低いため、防御的（ディフェンシブ）な株式だということになる。

株式に投資する場合、一般的にいって、高い収益を求めようとすれば高いリスクがともなう反面、安全性を重視すればその分、低い収益で満足しなければならないという、二律背反の関係が存在することを忘れてはならない。

この場合でいえば、攻撃的な株式はハイ・リターンが期待できるかわりにハイ・リスクを覚悟しなければならず、ロー・リスクを求めればロー・リターンで辛抱せざるをえない。ポートフォリオの構成は、ベータ値のちがう株式をいかに組み合わせるか、あるいはベータ値の高い株式だけで組成するのか、それとも低ベータ値の株式を組み入れるのか、そのあたりの選択を必要に応じて行う必要が出てくる。

株式投資の実践の世界では、シャープが確立したベータ理論のおかげで、個別株式のベータ値を測定してポートフォリオの構成を――したがって運用成績を――加減することが可能となった。ところが、機関投資家や証券会社の証券アナリスト、あるいは運用担当者のレベルが同一で、市場が十分に効率的であると仮定するなら、誰もが一・〇以上のベータ値を持つ株式からなるポートフォリオを選択しようとしても、他人を出し抜いて運用収益をあげうるチャンスは、滅多になくなってしまうにちがいない。

それならばいっそのこと、市場平均（つまり株価指数）と同一、もしくはそれに近い株式の組み合わせによるポートフォリオを組成しておけば、たとえ市場平均値が上下に変動しても、そのポートフォリオの変動率も市場平均と同一であるから、運用担当者の責任は免れることになる、という考え方が台頭するようになった。このようなポートフォリオを〝インデックス・ファンド〟と呼び、一時は大いに流行したものである。

さすがのシャープも、とんだ副産物の出現にさぞ苦笑したことであろう。

オプション取引のブラック・ショールズ・モデル

ここで、もうひとりふたり、オプション取引の分野で理論面、実務面の発展に手を貸した、ノーベル賞経済学者を紹介したい。

オプション取引については、第2章のオランダにおけるチューリップ投機のところでもふれた。チューリップの球根を買う〝権利〟に、バカ高い値がついたというので、人びとが争ってこの権利を買い求めた話である。この取引で法外な利益を得た人も結構いたといわれる。

しかし、このころのオプション取引は、現在広く行われているオプション取引の原型にすぎず、粗雑で非組織的な仕組みであったに相違ない。しかし、アイデアとしては卓越したものであった。

オプションは〝権利〟を意味するから、たとえば株式を購入する権利を、いくらかの〝プレミアム〟を払って買う（コール・オプション）、もしくはその反対に、株式を売る権利をプレミアムを払って買う（プット・オプション）、という取引制度である。かなり以前から、売り手と買い手の間で相対《あいたい》取引のオプション取引が、株式について行われていたが、しばしば契約不履行に陥るなど、トラブルが絶えなかったため、立ち消えの形になり、いつしか忘れ去られていった。

ところが一九七四年になって、シカゴボード・オプション取引所（ＣＢＯＥ）が設立され、取引所がオプション取引の売り手と買い手を仲介し、清算するなどのインフラが整備されたため、再び株式のオプション取引がよみがえった。個別株式オプションと呼ばれる取引制度がそれである。これで売買双方とも、安心して取引ができるようになった。

ここでもう一度、オプション取引の仕組みを整理しておくと、オプション取引は権利の売買であって、オプションの買い手が売るもしくは買う権利を行使するか、それともその権利を放棄するかは、権利を買った人の自由である。ここでコール・オプションの場合を例にとると、権利を買ったときの株価よりも高くなれば、権利を行使して株式を引き取り、反対に値下がりした場合には、権利を行使しなければよい。

図3　ブラック・ショールズ・モデルの公式

$$C=SN(x)-Ke^{-rt}\cdot N(x-\alpha\sqrt{t})$$
$$P=-SN(-x)+Ke^{-rt}\cdot N(-x+\alpha\sqrt{t})$$

S：原資産の価格　　K：権利行使価格
t：決済期までの期間　　α：ボラティリティ
r：無リスク金利

つまり、権利を行使すれば株価が上がった分が利益になる反面、逆に株価が下がれば、権利を買ったときに支払ったオプション・プレミアム分だけに、損失を限定することができるから、〝損失限定型投資〟ということになる。

これだけでも、同じデリバティブ取引（派生取引）でも、先物取引よりは合理的だと思われるのだが、とくにアメリカでオプション取引が高い人気を博したのは、オプション・プレミアム、つまり売買の権利だけが独り歩きして、独自のマーケットを形成し、プレミアムの価格も変動するという点であった。

もちろん、プレミアムの価格変動は、基本的にはその株式の価格変動に連動することになるが、株式からはなれて、プレミアムだけの需給関係も形成されるために、結構、プレミアム独自の、株価とはちがった動き方をすることもめずらしくない。

しかし、オプション・プレミアムの価格決定にはそれなりの理論的根拠があるはずで、投資家がその理論価格を知ることができれば、効果的な投資戦略を立てるのに役立つことはいうまでもない。実は、このオプション・プレミアムの価格決定や変動を理論的に定式化することに成功したのが、ブラックとショールズというふたりの経済学者だった。

現在、〝ブラック・ショールズ・モデル〟として知られているオプション・プレミアムのモデルというのは、オプション・プレミアムの価格は、①原資産価格、②権利行使価格、③決済期までの期間、④ボラティリティ（価格変動の大きさ）、⑤無リスク金利、の五つの要素によって決まる、というものである（その公式は**図3**に掲げておいた）。

公式をみただけでは、一見、簡単なようであるが、いくつかの仮定的前提を置いたうえでの理論モデルであり、数学的にはかなり複雑で高度なものである。私は、このブラック・ショールズ・モデルについて、シカゴで講義を受けた経験があるが、若いサイエンティストが黒板いっぱいに長い数式を書いては消し、延々と計算を続けているうちに、頭がこんがらがってしまい、終《しま》いにはなにがなんだかわからなくなってしまった。

そういうやっかいな代物だという印象から、そのときは、ブラック・ショールズ・モデルを実践に応用するのはむずかしいのではないかと疑っていたが、その後、R・マートンがより簡便で精緻なモデルを開発し、それがコンピュータの性能アップとも相乗効果を発揮して、いまでは、証券会社の営業マンが顧客のところに行って、パソコンを使って、その場でいとも簡単にオプションの理論価格をはじいてみせるまでに実用化している。

この功績により、ショールズとマートンは、一九九七年度のノーベル経済学賞を受賞した。ショールズとコンビを組んでいたブラックはというと、惜しくもそれまでに亡くなってしまった。ノーベル賞は死者には与えないから、もしこのときまでブラックが生きていたら、当然、ノーベル賞をもらったにちがいない。

ノーベル経済学賞の値打ち

私がこの章でとりあげたノーベル経済学賞受賞者は、マーコビッツ、トービン、シャープ、ショールズ、およびマートンの五人であった。これらの学者たちは、いずれも純理論の分野だけでなく、実務の世界にも画期的なアイデアを提供したり、即実戦に役立つノウハウを供給したりもした。まさに、証券投資や資産運用の理論と実戦面での発展に「手を貸した」人たちである。

ここで、ノーベル経済学賞について考えてみると、一九九〇年にマーコビッツとシャープ、それにミラーが揃って受賞したあたりから、ノーベル経済学賞の対象がそれまでの純理論から応用理論へ、もっと端的ないい方をすると、金儲けに役立つ理論の開発者へと移っていったように思われる。

ノーベル経済学賞がはじめて制定されたのは一九六九年と、比較的新しいが、初回以降の受賞者を眺めると、実に錚々《そうそう》たる顔ぶれがずらりと揃っている。受賞の年代順に、思いつくままに拾い上げると、サムエルソン（七〇年）、クズネッツ（七一年）、ヒックス（七二年）、アロー（七二年）、ハイエク（七四年）、フリードマン（七六年）、ミード（七七年）、クライン（八〇年）、スティグラー（八二年）、ハーベルモ（八九年）などの名前が目につく。

ここでは、これらの経済学者たちの業績を取り上げて解説するだけの余裕が無いのが残念だが、すぐなくとも私自身にとっては、学生時代からずっと読んできた——ほとんどが拾い読みにすぎないが——書物の著者ばかりなので、なつかしく感じてしまう。

ノーベル賞というのは、アルフレッド・ノーベル（Alfred Bernhard Nobel, 1833-1896）というスウェーデンの化学者で、工業家でもあった人物が制定した賞で、経済学以外では、物理学、化学、生物学・医学、文学、平和の各部門がある。

ノーベルは、ダイナマイトの発明者として世界的に有名になった。それ以前には、爆薬というと、液状のニトログリセリンを使っていたが、このニトログリセリンというのはまことに不安定で爆発しやすく、取り扱いが実にやっかいな化学物質である。

すこし話が横道に外れるようだが、随分昔のフランス映画で、『恐怖の報酬』という傑作があった。シャンソン歌手として名を成したイブ・モンタン主演で、普通の消火剤では到底消すことができない凄まじい油田の大火を、ニトログリセリンでぶっとばすために、多額の報酬に釣られたイブ・モンタンたちが、トラックにニトログリセリンを積んで現場まで運ぶという、まことにスリリングな映画だった。

イブ・モンタン演じる主人公はどうなったかといえば、彼は無事、現場に到着して多額の報酬にありついたまではよかったが、その帰途、有頂点でトラックを運転する途中、ハンドルを切り損なって道路から転落死してしまう。私はその映画をみて、ニトログリセリンの物凄さを肌で感ずることができたと、いまでも思っている。

表1　ノーベル経済学賞の受賞者リスト

年度	受　　賞　　者	生没年	国　籍	受賞領域
1969	フリッシュ（Ragner Frish）	1985-1973	ノルウェー	計量経済学
	ティンバーゲン（Jan Tinbergen）	1903-1994	オランダ	計量経済学
1970	サムエルソン（Paul A. Samuelson）	1915-	アメリカ	一般均衡理論
1971	クズネッツ（Simon S. Kuznets）	1901-1985	アメリカ	開発経済学
1972	アロー（Kenneth J. Arrow）	1921-	アメリカ	一般均衡理論，厚生経済学
	ヒックス（John R. Hicks）	1904-1989	イギリス	一般均衡理論，厚生経済学
1973	レオンチェフ（Wassily W. Leontief）	1906-	アメリカ	投入・産出分析
1974	ハイエク（Friedrich A. von Hayek）	1899-1992	イギリス	マクロ経済学，制度的経済学
	ミュルダール（Karl G. Myrdal）	1898-1987	スウェーデン	マクロ経済学，制度的経済学
1975	カントロビッチ（Leonid V. Kantorovich）	1912-1986	旧ソ連	最適資源配分理論
	クープマンス（Tjalling C. Koopmans）	1910-1985	アメリカ	最適資源配分理論
1976	フリードマン（Milton Friedman）	1912-	アメリカ	消費理論，金融政策
1977	ミード（James E. Meade）	1907-1995	イギリス	国際貿易論，国際金融論
	オーリン（Bertil G. Ohlin）	1899-1979	スウェーデン	国際貿易論，国際金融論
1978	サイモン（Herbert A. Simon）	1916-1985	アメリカ	経営学，意思決定理論
1979	ルイス（William A. Lewis）	1915-1991	イギリス	開発経済学
	シュルツ（Theodore W. Shultz）	1902-	アメリカ	開発経済学
1980	クライン（Lawrence R. Klein）	1920-	アメリカ	計量経済学
1981	トービン（James Tobin）	1918-	アメリカ	マクロ経済学，金融論
1982	スティグラー（George J. Stigler）	1911-1991	アメリカ	産業組織論
1983	ドブリュー（Gerard Debrew）	1921-	アメリカ	一般均衡理論
1984	ストーン（John R. N. Stone）	1913-1991	イギリス	国民所得計算

1985	モジリアーニ（Franco Modigliani）	1918-	アメリカ	消費理論，金融論
1986	ブキャナン（James M. Buchanan）	1919-	アメリカ	財政学，公共選択理論
1987	ソロー（Robert M. Solow）	1924-	アメリカ	マクロ経済学，経済成長理論
1988	アレ（Maurice F. C. Allais）	1911-	フランス	最適資源配分理論
1989	ハーベルモ（Trygve Haavelmo）	1991-1993	ノルウェー	計量経済学
1990	マーコビッツ（Harry M. Markowitz）	1927-	アメリカ	金融論，ポートフォリオ理論
	ミラー（Merton H. Miller）	1923-2000	アメリカ	金融論，企業財務
	シャープ（William F. Sharpe）	1934-	アメリカ	金融論，資本資産価格モデル
1991	コース（Ronald H. Coase）	1910-	アメリカ	法と経済学，取引費用の理論
1992	ベッカー（Gary S. Becker）	1930-	アメリカ	ミクロ経済学，人間行動の分析
1993	フォーゲル（Robert W. Fogel）	1926-	アメリカ	計量経済史
	ノース（Douglas C. North）	1920-	アメリカ	計量経済史
1994	ハルサーニ（John C. Harsanyi）	1920-2000	アメリカ	ミクロ経済学，ゲーム理論
	ナッシュ（John F. Nash）	1928-	アメリカ	ミクロ経済学，ゲーム理論
	ゼルテン（Reinhard Selten）	1930-	ドイツ	ミクロ経済学，ゲーム理論
1995	ルーカス（Robert E. Lucas Jr.）	1937-	アメリカ	マクロ経済学，合理的期待仮説
1996	マーリーズ（James A. Mirrlees）	1936-	イギリス	インセンティブ理論，最適所得税
	ビックリー（William Vickrey）	1914-1996	カナダ	インセンティブ理論，オークション
1997	マートン（Robert C. Merton）	1944-	アメリカ	金融工学，オプション価格モデル
	ショールズ（Myron S. Scholes）	1941-	アメリカ	金融工学，オプション価格モデル
1998	セン（Amartya Sen）	1933-	インド	厚生経済学
1999	マンデル（Robert Mundell）	1932-	アメリカ	国際経済学，金融・財政政策
2000	ヘックマン（James J. Heckman）	1944-	アメリカ	計量経済学
	マクファデン（Dniel L. McFadden）	1937-	アメリカ	計量経済学

その爆発しやすい不安定な液体ニトログリセリンをケイ藻土に染み込ませることにより、安定した取り扱いが容易な可塑《かそ》性の固形爆薬にすることに、ノーベルは成功したのである。これを出発点に、ノーベルはつぎつぎに新型の爆薬を製造し、のちにはノーベル・ダイナマイト会社を設立して、巨万の富を築いたのである。

ノーベルには家族がいなかったため、彼の遺産のほとんど全部を使って、「毎年、人類に対して最大の貢献をした人物に賞を授けるように」と遺言して亡くなった。それが一八九六年のことだった。爆薬という、とくに戦争に使われる物騒な物をつくって儲けた人物によって、人類に貢献した人に賞金を贈るというアイデアが生まれたのは、ノーベルにとっては贖罪《しょくざい》の気持からだったと考えられる。

思わず、ノーベル自身の話に深入りしてしまったが、もともと経済学賞はノーベルの遺言にはなかった。それが、スウェーデン中央銀行の設立三百周年を記念して、ノーベル財団が新しく設定することを決めたのである。だから、いまもって、「ノーベルには経済学賞を設ける意思はなかった。経済学者はほかの賞をもらえばよい」と放言する、スウェーデン・アカデミーの選考委員もいるそうである。なんとなく、経済学賞はノーベル賞の中では肩身の狭い思いをしているようだ。

ノーベル経済学賞制定に反対する理由は明らかにされてはいないが、どうやら第一に、受賞者の国籍がアメリカ人に片寄りすぎていること、第二に女性の受賞者が一人もいないこと、そして第三に、これまで受賞した経済学者のほとんどが保守派であること、などであるらしい。いかにも前衛派が多いスウエーデンらしい評価だと思う。

それにしても、ノーベル経済学賞に選ばれた人たちが、純粋理論の分野であるにせよ、応用経済学の分野であるにせよ、いずれも当代第一級の人物であることは間違いない。彼らが証券投資や資産運用の世界に大きな貢献をしていることもまた、明らかな事実なのである。

注

（1）スタンダード・アンド・プーア社（Ｓ＆Ｐ）から発表されている株価指数。五〇〇種類の株式について毎日、発表されているため、主に機関投資家にとって利用価値が高いといわれている。

第6章　株価指数先物はリスク・ヘッジ手段として有効か

リスク・ヘッジ手段としてのデリバティブ取引

株式投資にリスクがつきまとうことは、誰もが知っている。しかも、収益（リターン）とリスクとはお互いにトレード・オフ（二律背反）の関係にあって、高いリターンを要求すれば、そこに高いリスクを覚悟しなければならない。その反対に、リスクを低く抑えようとすれば、リターンを犠牲にする必要がある。

したがって、リスクとリターンの組み合わせの中から、投資家にとって最大の〝効用〟が得られるポートフォリオを組成すべきだというのが、マーコビッツ以来の投資論・資産運用論にとって最大の課題だった。

しかし、シャープが喝破したように、株式にはシステミック・リスク（市場に内在するリスク）と非システミック・リスクとがあり、たとえば、工場が爆発したとか、欠陥車がみつかって回収したという類いの、非システミック・リスクは別としても、システミック・リスクについては、最適ポートフォリオを模索したり、ベータ値を計算したりすることによって、ある程度までリスクを低減することは可能である。

ただし、ポートフォリオ全体の価値が下落したような場合には、手の施しようがない。なにか別のリスク回避手段によらなければならないのである。たしかに、インデックス・ファンドのように、市場全体の価値の変化と連動して動くポートフォリオを組成しておけば、「市場全体が下がったのだから仕方がない」と弁解し、自らを慰めることもできるだろうが、これでは、いかにも芸のない話である。

このような場合に有用なリスク回避手段がデリバティブ取引、すなわち先物取引であり、オプション取引である。このうち、オプション取引については、ブラック・ショールズ・モデルのところで（八六ページ以下参照）ある程度解説しておいたので、およそのイメージは抱けるだろう。しかし、デリバティブ取引の主流は、なんといっても先物取引なので、本章では主として先物取引を中心に話をすすめていくことにする。

なお、ここでデリバティブという言葉にこだわっておきたい。デリバティブ（derivative）というのは、派生的という意味であり、それに対して元の取引は本源的（original）とか、原初的（primitive）といわれる。一般的には、現物取引のことを指して使っているように思われる。つまり、はじめに現物取引があって、そこから派生した取引の一形態として、先物取引が誕生したことになる。

先物取引というと、私たちは反射的に商品先物取引を想起する。たとえば、小麦やとうもろこしに代表される穀物であるとか、金・銀・パラジウムなど貴金属の先物取引を、である。たしかに、先物取引の歴史をみると、幅広い範囲の商品の先物取引から出発していて、株式に関してはそのあとから仲間入りしたという経緯をたどった。

リスク・ヘッジの観点から株式の先物取引をみると、なんといっても株価指数がその主流を占めている。株価指数については、次節でもうすこしくわしく述べることにして、それ以外に株式の先物取引があるかというと、現在ではほとんど存在していない。さきにふれた株式オプション取引は、プット・オプション（八五ページ参照）を除けば、リスク・ヘッジ手段というよりも、むしろ投資手段といってよい性質のものであると考えられる。

それでは、なぜ株価指数が株式の先物取引の主流なのか、という疑問に答える必要がある。世界で最初に株価指数をリスク・ヘッジ手段として先物商品化したのはアメリカである。アメリカの代表的な株価指数のひとつであるS&P五〇〇（第5章注（1）参照）という株価指数を例にとると、その名の通り、五〇〇種類の株式から構成された株式の価格指標である。

一方、アメリカにおける多数の機関投資家が常時、ポートフォリオに組み入れている株式の数も、やはり数百銘柄におよんでいる。したがって、株価がいっせいに下落するケースを想定すると、機関投資家のファンドの価値も同様に下落するにちがいない。

このようなリスクの発生に備えて、株価指数先物に〝売りヘッジ〟をかけておけば、たとえポートフォリオの価値は下がったとしても、その分、株価指数先物のヘッジ効果が現われて、リスクとリターンが相殺され、ポートフォリオの価値下落が回避されることになる。

ここで、売りヘッジについて、もうすこし説明を加えておこう。いったんポートフォリオに組み入れた株式を、株価が下落したからといって、市場に売却することは危険である。なぜなら、さらに株価下落が増幅される可能性があるからである。そこで、ポートフォリオの株式は売却せず、そのままにしておいて、株価指数先物に売り契約をしておけば、市場全体の株価水準が下落したとき、先物契約では値下がりした分だけ利益が出るはずである。これと、現物の株価下落で生じたポートフォリオの損失を差し引きすれば、プラスマイナス・ゼロとなって、ポートフォリオのリスクは発生しない。

もしかりに、個別株式のみに先物取引が存在し、株価指数先物が存在していなかったとすれば、多数の銘柄から構成されるファンドの責任者としては、ひとつひとつ個別銘柄ごとに先物契約をして売りヘッジし、株価下落によるリスクを回避しなければならない。

その場合の取引コストは、労力や時間、それに証券会社に支払う手数料などを含めると、莫大な金額にのぼり、恐らくコスト面から採算がとれなくなるにちがいない。その意味では、株価指数先物の開発は、とくに機関投資家にとっては、大きな〝福音〟であったと考えることができるだろう。

株価指数と株価指数先物のちがい

それでは、株価指数先物とはなにかについて語る前に、そのオリジナルである株価指数について、まずここで考えておきたい。株価指数とはなにか、あるいは、どのような株価指数がマーケットの指標になりうるのか、といった点についても明確にしておいた方が、あとあとの議論の展開にとっても有益だと考えるからである。

株価指数と混同されるのが平均株価（あるいは株価平均）であるが、両者は若干性格が異なっている。もっとも、先物商品として利用する場合には、どちらであっても大きなちがいはない。まず、平均株価の方から説明することにしよう。

これは、あらかじめえらんでおいた採用銘柄の、毎日の株価を平均したものである。したがって、何ドルとか何円というように、通貨単位の呼称で示される。たとえばアメリカでは、ダウ工業株三〇種平均株価が最も知名度が高い株価指標である。

アメリカのマーケット指標として、S＆P五〇〇よりもはるかに有名な理由は、ドルで表示されているから、それだけ親近感があるからであるのと、長い歴史があるため連続してイメージすることができるからであろう。

またわが国では、日本経済新聞社が版権を握っている、ダウ二二五種平均株価がよく使われる。これは余談になるが、ＮＨＫのテレビニュースでも、毎晩、日米の株価を比較して放映しているが、アナウンサーは絶対に、「日経ダウ平均」という表現は使わない。かならず、「主要銘柄の平均株価」といういい方をしている。

これは、ＮＨＫが日本経済新聞社をライバル視しているからなのか、それとも特定企業の名前を出したくないからなのか、そのいずれか、あるいは両方の理由であるからにちがいない。どうでもよいような話であるが、私にはどこか引っかかるものがある。

これに対して、株価指数というのは、毎日の株価の平均を計算するところまでは、平均株価となんら変わるところはない。しかし、平均株価が通貨単位の呼称であるのに対して、株価指数の方はまさに〝指数〟であって、ある一定の基準日を設け、その日の平均株価を一〇〇とした指数として表わすものである。

これだと、基準日と比較していくら上がっているか、あるいはいくら下がっているかというように、相対的な価格の騰落関係を知ることができるので、時系列で比較するには株価指数の方が使い勝手がよい、というメリットがある。

株価指数にせよ、平均株価にせよ、それらを先物商品化して、主に機関投資家のリスク・ヘッジ対象にするうえで考慮すべきは、採用銘柄の数である。

もちろんそれ以外にも、たとえば統計処理の方法として、単純平均でいくのかそれとも加重平均を用いるのか、さらには、加重平均といっても、資本金だけで加重するのか、あるいは時価総額を用いるのか、といった問題もあるが、リスク・ヘッジの対象としての株価指数を考える場合には、なんといっても採用銘柄の数およびその種類が問題になる。

さきに述べた通り、アメリカでは、ポートフォリオのリスク・ヘッジ手段として株価指数先物を利用することが、現在では常識になっている。投資信託や企業年金など、株式を中心に投資している機関投資家では、つねに何百種類もの株式を組み入れて投資しているため、リスク・ヘッジ手段として株価指数先物を利用する場合には、できるだけ採用銘柄数の多い株価指数先物がのぞましいことはいうまでもない。インデックス・ファンド（八四ページ参照）の場合は極端だとしても、株価指数の採用銘柄と重複する銘柄が多いほど、リスク・ヘッジ効果が高いからである。

また近年、投資信託の中には、たとえばＩＴ関連とか公共事業など、産業別に投資対象をしぼった投資信託も開発されていて、それはそれで一定のファンを摑んでいるから、このような産業別投資信託のリスク・ヘッジ対象として、産業別株価指数先物が登場しても決して不思議ではない。

もっとも、ダウ工業株三〇種平均株価のように、アメリカの株式市場を代表するような知名度の高い株価指標が、ポートフォリオのリスク・ヘッジ手段として適当かどうか、という問題もある。たしかに、ダウ工業株三〇種平均株価は、発表以来長い伝統があり、アメリカの株式市場の動向を示す最高の指標として、広く内外に知られている。

しかし、ダウ工業株三〇種平均株価は、その名が表わす通り、〝工業株〟の〝三〇種〟平均であって、工業株という点では、銘柄の入れ替えによってアメリカの産業構造の変化に対応してきたけれども、三〇種という採用銘柄数については、現在でもこだわり続けている。

機関投資家のポートフォリオ組み入れ株式数が数百種類にもあるのに、わずか三〇種程度の採用銘柄数で、果たしてヘッジ効果が上がるのかという批判もある。しかし、その一方で、なんといってもダウ工業株三〇種平均株価はアメリカ株式市場の顔であり、したがって、十分にリスク・ヘッジの対象になりうるという主張もまた、一理あるものとして肯定せざるをえないものがある。

では、現実はどうなっているのだろうか。

株価指数先物が誕生するまで

株価指数を機関投資家の株式ポートフォリオのリスク・ヘッジ手段として、世界ではじめて先物商品化することに成功したのは、カンザスシティ商品取引所（KCBOT）という、アメリカでも片田舎の商品取引所だった。一九八二年のことである。

実は、一九七〇年代のはじめから八〇年のはじめにかけての一〇年間は、アメリカの商品先物業界にとって画期的といえる飛躍の時期に当る。まず、シカゴの二大商品取引所のひとつであるシカゴ・マーカンタイル取引所（CME）が、ニクソン・ショック後のIMF（国際通貨基金）体制の動揺期、すなわち、アメリカが金とドルとの交換を一方的に停止したため、IMF加盟国の間で外国為替の固定相場制を維持することが困難となり、変動相場制への移行も止むなしとする議論が戦かわされている最中の一九七二年に、日本円を含む主要七カ国の通貨の先物市場を創設した。

翌七三年三月からは、全面的に変動相場制に移行したから、外国貿易に従事している人たちにとっては、外国為替相場の変動リスクのヘッジが不可避となり、そのためCMEの外国為替先物市場に殺到したのである。

シカゴには、CMEよりも先輩にあたるシカゴ・ボード・オブ・トレード（CBOT）という老舗の商品取引所が存在している。こちらは、主に小麦やとうもろこしなどアメリカ産の主要穀物を中心に、幅広く農産物の現物および先物市場を開設してきた、文字通り〝世界最大〟の商品取引所である。

すくなくとも一九六〇年代までは、CMEはCBOTの牙城にまったく手が届かず、もっぱら木材や鶏卵、牛、豚など、CBOTが手掛けていない、〝ニッチ（すき間）商品〟を上場するにとどまっていた。CBOTにとっては、それまで歯牙にもかけていなかったCMEが、外国為替先物市場の創設により、一躍、世界中の脚光を浴びたものだから、世界ナンバー・ワンのプライドにかけても、画期的な新商品を開発する必要に迫られたのである。

CBOTがどこに目をつけたかというと、これも折りからのオイル・ショックの影響を受けて、アメリカの金利水準が大きく変動したため、国債や政府保証債のような債券の金利が大きく変動するようになっていた。

これらの債券を大量に保有し、売買している銀行など金融機関にとって、金利の変動リスクを回避する必要に迫られたことはいうまでもない。CBOTは、ここに目をつけたのである。

CBOTは早速、アメリカ財務省に対して国債を先物商品として上場すべきだと話を持ちかけた。ところがそのとき、財務省はCBOTの要請に応じようとしなかったので、CBOTは、まさに「将を射んと欲すればまず馬から」の喩《たと》え通り、政府保証債の一種である、政府抵当債（GNMA債）を上場し（一九七五年）、それから三年後の七八年に、国債を先物商品として同取引所に上場することに成功したのである。

こうした経緯をみていると、一九七〇年代に展開されたCBOTとCMEの熾烈な競争なしには、到底、従来の商品先物市場に加えて、新たに金融先物市場（financial futures market）というジャンルが切り開かれることはなかったにちがいない。

外国為替と国債について、新たにリスク・ヘッジ手段が開発されたということになると、もうひとつ、金融の分野で最も価格変動の激しい株式についても、先物商品化しようという気運が盛り上がってくるのは当然だという気がする。それが、本節の冒頭でふれたKCBOTによる株価指数先物市場の創設であった。

もっとも、シカゴの二大商品取引所にしても、株式の先物商品化というアイデア自体は持っていたに相違ない。株価の変動リスクをヘッジできる先物商品が出現すれば、それこそ機関投資家にとってはなによりの〝福音〟であるにちがいないからである。

しかし、金融先物商品をつぎつぎに登場させたＣＢＯＴやＣＭＥにとって、株式に手をつけることはタブーであった。なぜなら、株式を上場しているのは証券取引所であり、アメリカの証券取引所は伝統的に現物取引に固執し続け、先物取引を行おうとしなかったからである。

たしかに、一九七四年以降は、一部の証券取引所において個別株式のオプション取引が制度化されたけれども、この株式オプションは現物の株式の売買選択権の取引であるため、先物取引とは一線を画さなければなるまい。また、証券取引所の監督機関として証券取引委員会（ＳＥＣ）が存在しているので、商品先物取引委員会（ＣＦＴＣ）としても、ＳＥＣには一目置かざるをえない立場にある。

以上のような背景があったために、株式を先物商品化することは「聖域を侵す」という感覚を、ＣＢＯＴもＣＭＥも持っていたと考えられる。ところが、ＫＣＢＯＴがこのタブーに挑戦し、意外にも、アメリカ国内では知名度のあるヴァリュー・ライン株価指数の上場に成功したとあって、ＣＢＯＴ、ＣＭＥともに、「それなら、うちも」とばかりに、それぞれ独自の株価指数を上場したのである。

使い勝手のよい株価指数先物とは

ＫＣＢＯＴが上場したヴァリュー・ライン株価指数先物というのは、アメリカ国内の主要な株式市場で取引されている二〇〇〇種類の株式を指数化したもので、採用銘柄数が多いことが最大のメリットであり、比較的利用されているということだが、私はヴァリュー・ライン株価指数が上場されるまで、そんな株価指数があることすら知らなかった。アメリカ国内でも、ダウ工業株三〇種やS&P五〇〇にくらべれば、知名度の点では到底太刀打ちできる代物ではない。

CMEは、そのS&P五〇〇を上場し、さらに続けてS&P四〇〇あるいはS&P五〇〇のミニ版を、つぎつぎに登場させ、近年ではナスダック一〇〇の上場にも成功して、株価指数先物の分野では断然、ほかの取引所を圧している印象を受ける。

なかでもS&P五〇〇は、知名度からいっても、あるいはリスク・ヘッジに対する適応性の点でも、株価指数先物の中では最も人気の高い商品である。同取引所の売買高順位でも、第一位のユーロダラーにはかなり水をあけられてはいるが、ここ数年間、つねに第二位を保ち続けており、CMEのドル箱的存在であることに変わりはない。

これに対してCBOTは、全米最大の株価指標であるダウ工業株三〇種平均株価を狙ったのはよかったが、結局、当初は上場を果たすことができなかった。

それというのは、ダウ平均株価を発表しているのはダウ・ジョーンズ社で――ダウ・ジョーンズ社というのは、『ウォール・ストリート・ジャーナル』という最有力経済新聞の発行元でもある――、同社は、CBOTの申し出を拒絶した。その間にどのような経緯があったのか、私はよく知らないが、結局、問題がこじれにこじれて、裁判沙汰になってしまった。しかも、下級裁判所から上級裁判所に移されて、判決がひっくり返るといった事態も生じた。これでは、取引所上場どころではない。

ＣＭＥに先を越されて焦り気味だったＣＢＯＴが、つぎに交渉したのが、アメリカン証券取引所が独自に開発したＭＶＩという株価指数だったが、これはパッとせず、ついには上場廃止になってしまった。

ちなみに、アメリカの商品取引所の上場商品は栄枯盛衰が激しく、売買高が不振のまま二、三年も経つと、上場廃止になってしまうケースが多いようである。その代わりに、つぎつぎに新しい商品を開発しては上場する〝スクラップ・アンド・ビルド〟の精神は旺盛で、わが国の商品取引所関係者も、是非アメリカを見習ってほしいと思う。

せっかく、先物商品として上場したにもかかわらず、売買高がすくないという事実は、なにを物語っているのだろうか。私は、株価指数先物の有用性について、もっぱらリスク・ヘッジの観点からみているつもりである。しかし、株価指数というのは市場指標であるため、将来、株式市場が高騰するのか、それとも反対に下落するのか、その点を予測して「相場に賭ける」スペキュレーター（第1章注（2）参照）にとっても、株価指数先物は重要な手段であろう。

つまり、リスク・ヘッジ目的で株価指数先物を利用する投資家もいれば――その大半は、機関投資家と思われる――、もっぱら将来に対する予測を根拠に売買する投資家もいるはずである。

株価指数先物商品が多く上場されても、結局は、それらの中には淘汰されて、上場廃止に追い込まれ

表1　アメリカにおける株価指数先物の売買高

順位	種　　類	取引所	売買高
1	S＆P 500	CME	22,467,859
2	ミニ・S＆P	CME	19,211,355
3	ミニ・ナスダック100	CME	10,817,277
4	ナスダック100	CME	5,094,042
5	ダウ工業株	CBOT	3,572,428
6	ラッセル2000	CME	508,726
7	日経225	CME	455,298
8	S＆P 400	CME	332,438
9	NYSE 総合	NYBOT	130,984
10	ラッセル1000	NYBOT	94,736
11	ヴァリュー・ライン	KCBOT	9,954
12	ダウ公共株	CBOT	22
13	ダウ・コンポジション	CBOT	7
14	ダウ・運送株	CBOT	4

（注）2000年の実績，単位：枚。
CME　シカゴ・マーカンタイル取引所，CBOT　シカゴ・ボード・オブ・トレード，NYBOT　ニューヨーク商品取引所，KCBOT　カンザスシティ商品取引所。

るものもすくなくないというのは、リスク・ヘッジ・ニーズもなければ投機妙味もない株価指数先物商品も混っている、という結論に到達せざるをえない。このようにして、いくつかの株価指数先物商品が市場から消え去ったのであろう。

表1は、アメリカ国内の商品取引所に上場されている株価指数先物商品の、二〇〇〇年における売買高を、上位から順に並べたものである。この表をみて気づくのは、S&P五〇〇を筆頭に、CMEが断トツの成績をあげていることである。それにくらべて、株価指数先物のパイオニアであるKCBTのヴァリュー・ライン株価指数は、もはや影の薄い存在になってしまった。

また、さきにダウ工業株価平均に言及した際いい忘れていた、その後の経緯についてここで述べておくと、CBOTとダウ・ジョーンズ社との間で和解が成立し、一九九七年からCBOTに上場されている。表にもみられる通り、売買高も相当にあり、第五位にランクされているのは見事である。

この表にも載っているが、ダウ・ジョーンズ平均株価の中で、公共株指数や運送株指数も同時にＣＢＯＴに上場されている。しかし、これらはほとんど売買はなされていない。恐らく、まもなく上場廃止に追い込まれるのではないだろうか。

たしかに、産業別の株式ポートフォリオを持つ投資信託も存在しているのだから、それらのリスク・ヘッジ対象として、コンポジション（特徴別）株価指数先物も必要だと思われるが、現実はそれほど甘くはないようだ。

このようにみてくると、株価指数先物として成功しているのは、①主に機関投資家のポートフォリオ構成銘柄に近い株価指数先物、たとえばＳ＆Ｐ五〇〇、同四〇〇、ナスダック一〇〇など、②ダウ工業株価平均のように知名度トップの市場指標、に限定されており、奇をてらったものや中途半端な先物商品は、リスク・ヘッジ手段としても、また投機の対象としても適当ではない、という結論に導かれる。

日本の株価指数先物は日経二二五がリード

株価指数を先物商品化して、商品取引所に上場したのは、世界でもアメリカが最初であるが、その後、株価指数先物のリスク・ヘッジ手段としての有効性が認められ、あるいは投機対象としても、単純にして明快な性質に人気が集まって、またたく間に世界の主要各国でも取り入れられた。しかし、わが国に株価指数先物が導入されたのは一九八八年であるから、アメリカよりも六年遅れての出発であった。

もっとも、わが国で金融先物の登場が遅かったのは、株価指数先物だけではなく、外国為替も国債も含めて、ヨーロッパ諸国や一部のアジア地域よりも遅かった。もちろん、それには理由がある。

わが国では、すくなくとも一九四三年までは、株式の先物市場が存在していたし、商品の先物市場にいたっては、徳川時代の米の先物市場にまで立ち戻ることができるくらい、長い歴史と伝統がある。しかし株式に関しては、一九四九年の証券取引所再開以来、アメリカの証券取引所に範を取って、先物市場は一切開設してこなかったという事情がある。

したがって、証券取引所を監督する立場にある当時の大蔵省には、先物商品の導入に対して慎重な意見が強かった。しかしなによりも、証券取引法が掲げる証券の範疇には、株価指数のように、抽象的で現物をともなわない概念上の商品は入る余地がなかった。そこで、証券取引法を改正して、株価指数を証券のひとつとして認めるという作業過程を必要としたのである。

株価指数の先物商品化に関しては、東京証券取引所よりも大阪証券取引所の方が熱心で、はやくから取り組んでいたという印象が、私にはある。実は私も、日本に株価指数や国債の先物市場を開設すべきだと考えていたし、大阪証券取引所がシェア回復を期して新商品や新制度の導入を企図して設けた委員会にも参加していた。だから、大証の意図はある程度まで知っていたのである。

しかし、いざ実際に、どの株価指数を先物商品化するかという点になると、いささか問題があった。

というのは、もともとわが国では、アメリカに習って、ダウ平均株価が計算され発表されてきていた。これは東証も大証も独自に発表していたが、なんといっても東証が中央市場であるため、東証のダウ平均株価が最も広く普及していた。

ところが東証では、ダウ平均株価の欠陥性を認識して、新たに東証株価指数（ＴＯＰＩＸ）を開発すると同時に、従来のダウ平均株価の版権を日本経済新聞社に譲渡してしまっていた。したがって、東証が株価指数先物を上場するとすれば、このＴＯＰＩＸ以外には考えられなかった。

これに対して大証は、日本経済新聞社が買ったダウ平均株価が、日本で最も高い知名度を有しているうえ、比較的長期間にわたり継続して発表されてきた株価指標であるため、これを上場しようとしたのである。

もっとも大証は、とにかく株価指数先物については東証よりも先に商品化したいという意欲を露わにして、まだ証券取引法の改正が行われる前に、「現物受渡しが可能な株価指数先物」という、まことに奇妙でユニークな商品を開発している。

これが一九八七年のことで、決済日には株式の現物でも授受ができることを大前提にして、合計五〇銘柄から構成された「株先五〇」を立ち上げた。なにしろ、この当時の株価指数先物は、世界中すべて、現金決済方式のものばかりであったから、たとえそれが、〝指数〟という抽象的概念を先物商品化するには法律的限界があったとはいえ、私たちの目からみれば奇妙なものに映ったのである。

しかし、翌八八年には証券取引法も改正されて、現金決済方式による株価指数先物の商品化が可能となったため、前述したように、ＴＯＰＩＸと日経二二五の先物商品が東西両市場で実現することになった。

これらのうち、ＴＯＰＩＸは日経二二五ほどの知名度が無く、東証第一部市場の全銘柄を網羅した精度の高い株価指数でありながら、いまひとつ人気が上がっていない。その点、大証の日経二二五の方は、機関投資家のポートフォリオ・サイズに近いという理由もあって、売買高は断然ＴＯＰＩＸをリードしている。

もっとも、日本経済新聞社もちゃっかりしていて、日経二二五の先物商品としての使用権を大証だけでなく、ＣＭＥにも与えており、ＣＭＥはシンガポールのＳＩＭＥＸ（シンガポール国際金融取引所）と姉妹関係を結んでいるため、現在では、日経二二五は三カ国の取引所に上場される国際的株価指数先物にまで発展している。しかし、それだけに、取引所間の競争も激しいものがある。

第7章　企業にとって株式とはなにか

やはり株式会社が企業の中心

これまでのところでは、もっぱら需要サイドから株式をみてきた。そこで本章と次章においては、株式を供給する側つまり企業サイドから、株式とはなんなのかについて、いくつかの視点でとらえることにしよう。

もちろん、一口に企業といっても、かならずしも株式会社がそのすべてであるわけではない。すでに第1章で述べた通り、世界ではじめて株式会社が登場したのは、十七世紀のオランダにおいてであった。しかし、オランダの東インド会社が誕生するまでには、長い企業の〝前史〟があったことを忘れてはならない。

こんにち、私たちの周辺に存在している企業の組織形態をみても、個人企業あり、合名会社、合資会社あり、あるいは有限会社もある。そして、最もポピュラーな企業形態が株式会社である、といった具合になっている。

実は、ヨーロッパで株式会社が出現するずっと以前から、個人企業↓合名会社↓合資会社↓有限会社↓株式会社と続く、長い歴史があった。日本では、株式会社が誕生したのは、明治期になってからであり、それも欧米ですでに定着していたものを、そっくりそのまま輸入したにすぎない。株式会社にたどりつくまでの〝前史〟を持っていないのである。

それに対してヨーロッパでは、すでに中世から合名会社や合資会社の源流は現われていた。ここで合名会社というのは、無限責任を負う複数の人が互いに資本を出し合ってつくる企業形態を指す。無限責任とは、出資した金額以上の債務を負った場合、出資者の私有財産にまで民法上の債務者責任をとらされることをいう。これでは、誰かとコンビを組んで合名会社をつくることを躊躇《ちゅうちょ》するケースもでてくるだろう。

そこで、つぎに現われたのが合資会社であった。この形態だと、無限責任社員（法律用語では出資者のことを社員と呼ぶ）と有限責任社員が互いに出資することになり、経営の中核となる無限責任社員以外の出資者は、出資額の範囲内でしか責任を負わずにすむため、合名会社よりは多数の、したがって多額の資本を集めることができることになる。

つぎに有限会社というのは、これはすでに想像がついていると思うが、出資者全員が有限責任社員による企業形態である。本質的には株式会社と同じであるが、たとえば株式会社とくらべて小規模であったり、出資証券に譲渡制限がついていたりする点で、株式会社と区別される。

このように、株式会社に到達するまでには、いくつもの過程を踏みながら時間をかけてノウハウを積み上げていったものと考えられるが、さきに述べた通り、わが国においてはもっぱら欧米の先例を模倣したにすぎない。しかし現在、国内にいくらぐらいの企業が存在しているのか、その実数を正確に把握することは至難の業だとしても、少なくとも株式会社の数は概略知ることができる。現在ではその数は百数十万社といわれる。これだけでも大変な数である。

ここでは、もっぱら企業＝株式会社と考えて話をすすめていくことになるが、それにしても、現存する百数十万社の株式会社の大部分は、実は零細企業であって、これから順に話していく株式の公開や上場、ストックオプション、株式持ち合いといった内容は、これらの中のほんのひと握りの株式会社にしかあてはまらない。

ついでにいうと、なぜ、わが国には株式会社――それも小規模、零細企業のそれが多いのか。それは、数年前までの商法の規定では、株式会社の設立条件に最低資本金の規定がなく、信じられないくらいの少額で、容易に株式会社を設立できたからだと思われる。そこで、もっぱら節税の目的で、株式会社の設立が選択されたのであろう。恐らくかなりの程度まで、顧問税理士の入れ知恵によるものと、私は勘ぐっている。

もっとも、零細規模の株式会社の乱立を阻止する目的で、数年前に商法改正が行われ、株式会社に最低資本金制が導入された。とはいえ、その水準が一〇〇〇万円と定められたため、この程度の金額では、果たしてどのくらい効果があがっているのかは疑問である。

この措置が期限付きで実施されたものだから、資本金が一〇〇〇万円未満の零細株式会社で、期限までに一〇〇〇万円を満たすことができない企業のために、その受皿として、有限会社の資本金を最低三〇〇万円以上としたのである。それまでは、有限会社にも最低資本金制は課せられていなかった。日本では株式会社の設立が容易で、さしたる資本金を準備せずとも、自由に株式会社の設立が可能であったため、有限会社というと、株式会社より一段も二段も下にみられていたことは否めない。

しかし、たとえばドイツでは、相当に規模の大きい企業であっても、株式会社にしないで有限会社組織をえらぶところがすくなくない。ドイツ国内を鉄道や自動車で移動していると、大きな工場の壁などにGmbh（有限会社のドイツ式表示）と書いているのが目につくが、これをみても、ドイツでは有限会社の数が多いのがわかる。

しかし、株式会社でなければさまざまなチャンスは訪れてこないのも事実である。

資本金の大きさがキメ手

さきに述べたように、株式会社となると資本金がまず基本になる。わが国では、最低資本金制の導入で一〇〇〇万円以上でなければ株式会社が設立できない。これが最小の株式会社だということになる。ところが、本書が対象としている株式会社は、もっと大規模の株式会社であり、とりあえずは、証券取引所もしくは株式店頭市場に上場している企業を頭に置いている。

ところが、後節でも取り上げるが、証券取引所にせよ店頭市場にしても、フリーパスで株式の上場を認めることにはしていない。さまざまなチェックポイントを設けて、一定の条件に達した企業の株式しか上場させない。

なぜそうするかといえば、証券取引所や店頭市場に株式を上場すると、不特定多数の投資家に株式を売買する機会が与えられるが、もし新たに上場した企業の経営の基礎が脆弱で、経営不振に陥ったり倒産したりすれば、投資家は不測の損害を蒙ることにもなりかねない。その危険を避けるためもあって、証券取引所や店頭市場は、それぞれ一定の上場審査基準を設けているのである。

これも、すぐあとで述べる通り、株式上場によって企業が得るメリットの第一は、大量の資金をマーケットから調達できるという点にある。したがってそのためにも、株式上場を目指す株式会社があとを絶たない。ところが証券取引所や店頭市場には、さきに述べた投資家保護の観点のほかに、上場株式を市場で管理する能力の限界もあるために、上場企業の数を限定せざるをえない。

なんといっても、上場基準を決める場合の一番の決め手は、資本金額である。ある一定の額の資本金に到達しないかぎり、株式上場は実現できない。しかし企業にとって、上場基準額との差を自力で埋めるのは容易でないのが普通である。この間の矛盾をどう解決すればよいのだろうか。

ベンチャー企業という言葉が流行のようになっている。もちろん、ベンチャー企業はハイテク産業やＩＴ関連分野だけに限定して使われるべきではない。よく京都や奈良の伝統産業の経営者に会うと、「私たちはベンチャー企業ではないから、いろんな支援措置を受けにくい」とこぼされるが、ベンチャー企業とは決してそんな幅の狭いものではないはずだ。私はかならず、「伝統産業にだってベンチャー性はある。新しい製造法や販売法を開発すれば、それがベンチャー企業なのだ」と彼らに答えることにしている。

ベンチャー企業が現在、まとまった金額の資金を必要とするのに、資本金規模が小さすぎるために株式を上場することができない。このような場合、ベンチャー企業に投資するのがベンチャー・キャピタルなのである。ベンチャー・キャピタルだって〝ベンチャー〟（冒険）という名の通り、投資対象とする企業が果たして将来、株式上場を実現して、高いキャピタル・ゲインを出資者であるベンチャー・キャピタルにもたらすかどうか、それこそ不確実である。

一般的にいって、ベンチャー・キャピタルの場合、一〇件に一件ぐらいの確率でしか成功しないといわれるが、その一件が成功すれば、優に一〇件分の投資は償われるにちがいない。わが国では、ベンチャー・キャピタルを分類すると、銀行系と証券系にわけることができる。銀行系のベンチャー・キャピタルでは、ベンチャー企業に対しては融資が中心にならざるをえないだろう。しかし、一般的にいって、ベンチャー企業には担保として銀行に差し出す物件がすくない。そのために、銀行系のベンチャー・キャピタルは、ベンチャー企業に大きく踏み込めない。

これに対して証券系ベンチャー・キャピタルの場合は、なんといっても投資専門で対応することが多いから、成功率が高ければ高いほど成功報酬も大きい。もっともその反対も十分にありうるから、投資対象の選択には慎重であるべきだ。

アメリカでは、組織的なベンチャー・キャピタルも日本の比ではないが、それ以外に個人レベルのベンチャー・キャピタルが、結構広範に定着しているようである。比較的小規模のベンチャー企業にとっては、組織的なベンチャー・キャピタルの手を借りるほど巨額の資金が要るわけではないが、ある程度のまとまった資金は欲しい。そのようなときに現われる個人のベンチャー・キャピタルは、まさに天使（エンジェル）のように有難いというところから、個人のベンチャー・キャピタルのことを、アメリカではエンジェルと呼んでいるそうである。

すこし、話が横道に外れたが、これまでのところを要約すると、株式会社が証券取引所や店頭市場に株式を上場しようとするときの最も基本的な条件は、なんといっても資本金の大きさであり、ベンチャー企業のように、将来への期待が大きい企業に対しては、ベンチャー・キャピタルが手を貸して、株式上場への道をはやめる役割を果たしていることになる。

株式上場のメリット

なんといっても、株式を上場してはじめて一人前の企業といわれることが多い。とくにわが国においては、上場企業とそうでない企業（非上場企業とか未上場企業といわれて、一段下にみられる）との扱いの格差が、欧米にくらべて格段に強いように思われる。

前にもふれたように、ドイツでは取引所上場はおろか、株式会社でもない大企業がゴロゴロしているし、一般にヨーロッパでは秘密主義がまかり通っていて、株式を上場すると経営がガラス張りになるのを嫌がって、株式会社であっても上場をしたがらない企業が多い。とくに同族企業にその傾向が強いと聞いたことがある。その点、日本とアメリカはすぐに上場したがるようだ。経済規模の大小というよりも、むしろ文化のちがいというべきだろう。

それでは、企業にとって株式を上場することは、どんなメリットがあるのだろうか。私は、大量の資金が調達できることを第一のメリットにあげたいのだが、何人かの株式上場をのぞんでいる企業（つまり未上場企業）のオーナーに意見を聞いたところ、意外にも社会的信用の向上をあげた人がほとんどだった。日本では、それほど上場企業のステイタスが高いということだろう。

そういえば、私もつぎのような経験をしたことがある。私は何枚かのクレジットカードを持っているが、その中にダイナースクラブのカードもある。このダイナースクラブというカード会社は、最近、シティバンクに買収されたが、なにしろ世界で一番はやく誕生したクレジットカードの会社である。それだけにプライドも随分高く、会員数が業界中最もすくないことを誇りにしている。

それにもかかわらず、ときどき会員数の拡大キャンペーンを実施していて、会員である私のところにも、新会員を紹介してほしい、もし、貴方が紹介してくれた人が新会員に加入したら、お礼にこれこれの品を差し上げますといってくる。先日も、それなら誰か紹介しようかと思い、すこし念を入れて文章を読んでいてびっくりした。それには、つぎのような文言が加えられているのである。

「しかし、ご注意下さい。私たちダイナースクラブでは、上場企業の課長以上の方、非上場企業の役員以上の方……」と書いてあるではないか。つまり、この文言からも明らかなように、上場企業と非上場企業を完全に差別しているのである。まさに、社会的信用度のちがいを露骨な形で現わしている。

もっとも、支払い能力という点からみると、そういうことになるのかも知れない。とすれば、私のように薄給の大学教授が、どうしてダイナースクラブのような高級なカード会社に入会できたのだろうか。いいでしょう。企業にとって株式上場の第一のメリットを、社会的信用の向上と考えることにしよう。

それなら、二番目が大量の資金調達だということになる。これが非上場企業なら、もちろん株式が公開されていないのであるから、株式を増資して資本を調達しようとすれば、株主つまり、オーナーをはじめとする役員、それに社員持株会を組織して社員にも株式を持たせている場合には社員たちも出資しなければならない。余程、オーナーに資金力があれば別であるが、通常は資金調達の範囲が狭いために、調達できる資金にも限界があるはずである。

これに対して、上場企業になると、増資を計画すると証券取引所や店頭市場を通じて、極端にいえば、全世界の投資家を対象に資金を調達することが可能となる。その場合、企業の株価が高ければ高いほど、調達できる資金量が大きくなることはいうまでもない。これが、時価発行方式の強みである。

いまから四〇年ぐらい前までは、そうはいかなかった。というのは、明治期以来わが国の株式発行のやり方は額面発行株主割当方式といって、その企業の株価がいくらであるかとは無関係に、額面価格（たとえば一株五〇円とか五〇〇円）で株式を発行し、それを全量株主に割り当てる方式であったから、株式発行による企業の取り分は額面価格までであった。残りはすべて株主に帰属していたのである。

それはおかしい、という企業側の大合唱に押される形で、現在のような時価発行公募方式に変わったのである。したがって、たとえば事前人気の高い企業が株式を上場する際、同時に増資するケースがあって、そのようなときには、企業にびっくりするほど巨額の資金が手に入ることが、往々にしてある。

また、それを目的に上場するちゃっかり企業も現われるくらいで、やっぱり株式上場による企業のメリットは、大量の資金をマーケットから調達できることにあるというのが、本当のところではないだろうか。

低くなった上場基準のバー

さきにもふれたところだが、たとえ企業の側に株式上場の意志があったとしても、一定の基準を満たしていないと、証券取引所や株式店頭市場は相手にしてくれない。その一定の基準というのが上場審査基準である、という点もすでに述べた通りである。

国内の状況についていうなら、全国の証券取引所における売買高の、実に九割を占める東京証券取引所の第一部市場が、最もきびしい上場審査基準を持っている。企業にしても、最終ターゲットを東証一部（東京証券取引所第一部市場の略、以下そう呼ぶ）にしぼっていて、まず東証二部あるいは地方取引所、さらには株式店頭市場など、比較的上場審査基準の緩やかな市場を足場に、東証一部にたどりつく戦略を立てているところがすくなくない。それだけ、東証一部の上場審査基準がきびしいということだろう。

私が懇意にしているある企業の株式上場戦略を、ここでそっと教えよう。すでにこの企業は、見事、東証一部に上場を果したからいえるのだが、この企業も最初から東証一部を狙ったのではなかった。最初の迷いは、まずどの市場への上場を突破口にするかの選択だった。

その企業の名前を、かりにエトワールとしておこう。当初、エトワールのオーナー社長は、まず株式店頭市場からはじめようと考えた。そのときの選択肢としては、他に東証二部もあったのだが、同業他社の多くがすでに店頭市場に上場していたので、同社にしてもその方が上場しやすいとの読みがあった

場上場基準比較

<table>
<tr><td rowspan="2">ナスダックジャパン・グロース基準</td><td>東証マザーズ</td><td colspan="3">店　頭　市　場</td></tr>
<tr><td></td><td>1号基準</td><td colspan="2">2号基準</td></tr>
<tr><td rowspan="3">4億円
または
時価総額50億円
または
税前利益
7,500万円[2]</td><td>—</td><td>2億円以上</td><td>—</td><td rowspan="4">・事業の今後の発展に寄与する特徴を有し，当該特徴及び以下の事項を総合的に勘案して第1号基準が求める企業価値と同程度の水準が見込まれること。
・第一号基準に掲げる利益の額若しくは純資産の額に係る事項を満たすこと又は時価総額が10億円以上であること。</td></tr>
<tr><td>5億円以上</td><td>—</td><td>5億円以上</td></tr>
<tr><td>成長事業・新規事業等の売上高が計上されていること。</td><td>—</td><td></td></tr>
<tr><td></td><td>—</td><td>直前事業年度における当期純利益の額が連結・単体ともに正</td><td>—</td></tr>
<tr><td>1,000単位</td><td>—</td><td colspan="3">—</td></tr>
<tr><td>—</td><td>—</td><td colspan="3">—</td></tr>
<tr><td>1年または時価総額50億円以上</td><td>—</td><td colspan="3">—</td></tr>
<tr><td>5億円</td><td>—</td><td colspan="3">—</td></tr>
<tr><td>300</td><td>上場時新たに300人以上</td><td colspan="3">300人</td></tr>
<tr><td>—</td><td>—</td><td colspan="3">—</td></tr>
<tr><td>500単位以上（新規公開となる会社）</td><td>1,000単位以上</td><td colspan="3">500単位以上</td></tr>
</table>

上のふたつのうちひとつ以上を充足すること。

7,500万円以上の3つのうちひとつ以上を充足すること。

表１　各証券市

	東京証券取引所		ナスダックジャパン・スタンダード基準		
	（２部）	（１部直接上場）	第１号	第２号	第３号
株主資本の額	10億円以上	同左	６億円	18億円	—
時価総額	—	500億円以上	—	—	75億円または75億円かつ75億円1）
総資産・総収入		—			
利益の額	ａ．最近２年間について，最初の１年間は１億円以上，最近の１年間は４億円以上 または ｂ．最近３年間について，最初の１年間は１億円以上，最近の１年間は４億円以上，かつ３年間の合計が６億以上3）	同左	１億円	—	—
最低浮動株数	—	—	1,100単位		
上場株数	4,000単位以上	10万単位以上	—		
設立経過年数	３年以上	同左	—	２年以上	—
浮動株時価総額	—	—	８億円	18億円	20億円
株主数	800人	2,200人	400人		
少数特定者持株数	上場のときまでに上場株式数の75％以下となる見込み	直前事業年度末日において上場株式数の70％以下	—	—	—
上場時公募・売出株式数	—	—	500単位以上（新規公開となる会社）		

（注）１）時価総額75億円以上，または，総資産75億円以上かつ総収入が75億円以

２）純資産４億円以上，または，時価総額50億円以上，または税前利益

３）ａ．またはｂ．に適合すること。

ものと思われる。しかし私は、社長のこのアイデアに断乎反対した。

この当時、東証二部と株式店頭市場の上場審査基準をくらべると、さして大きなちがいはなかった。普通、上場審査基準の主な項目には、①資本金額または資産額、②過去における収益および配当の状況、③株主数、④発行株数とくに浮動株数、などが挙げられているが、エトワールの場合は東証二部でも株式店頭市場でも、どちらもクリアーできる基準を満たしていた。

私はむしろ、東証二部上場をすすめた。その理由は、東京証券取引所と株式店頭市場を運営管理する日本証券業協会とは、根は同じでも、市場としては競合関係にある。もしエトワールが店頭市場に上場すると、そこから東証一部に上場しようとすれば、はじめから東証一部の上場審査を受け直す必要がある。しかし、東証二部からであれば、一部と二部のちがいこそあれ、同じ東京証券取引所の中の指定換えであるため、店頭市場から再上場する場合よりも、余程スムーズにいくはずだ、というものであった。

エトワールの役員会では、社長案と私が出した案をめぐって大きな論争があったそうだが、役員会に出席していない私には、その内容は知る由もなかった。しかし結局は、私の案が通って、同社は東証二部に上場し、その三年後には、ほとんど東証内部の強い抵抗もなく、指定換えによって東証一部入りを果たしたのである。もちろん、東証一部が要求していた上場審査基準を、すべて同社はクリアーしていたからであったが。

ところで最近になって、証券取引所および株式店頭市場を含めて、上場審査基準に大きな異変が起こっている。それというのも、ベンチャー企業を育成して、不況が長びく日本経済に活力を与えようという国民的合意の延長線上で、ベンチャー企業の上場をもっと容易にしようという考え方が表面化したためである。

すでに述べた通り、ベンチャー企業の多くは、ハイテクあるいはＩＴなどの分野で大きく伸びる開発能力を持ってはいるものの、まだまだ海のものとも山のものとも評価しにくい不確実性を残している。したがって、資本金額や株主数の点で基準を満たしていないばかりか、これが最も重要な点であるが、過去における収益や配当の実績もない企業がすくなくない。

従来の常識からすれば、収益も無く配当も出していない企業を上場させるなんてとんでもない、ということになるのだが、ベンチャー企業にとってはフォローの風が吹いて、現在までの収益や配当実績が無くても上場を認める市場が、つぎつぎに誕生した。

たとえば、東京証券取引所が新たに開設したマザーズ、あるいは大阪証券取引所とアメリカのナスダックが合弁でつくり上げたナスダック・ジャパン市場などがそれである。二〇〇一年四月二十五日現在では、ナスダック・ジャパンに五二社、また東証マザーズには三三社が、それぞれ上場されているが、ナスダック・ジャパンはまずまず順調な一方、東証マザーズではとかく上場企業に問題が起こりがちである。

それはともかく、新しい二市場の出現に刺激されて、東証二部や店頭市場も上場審査基準の見直しをはじめており、いわば市場間競争の立場から、できるだけはやく企業を囲い込もうとする動きが起こり、その結果、株式上場基準のバーが低くなってきた。早い話が、資本金額を問題にしない市場も出現している。しかし、あまりに上場審査基準を緩和すると、市場は玉石混交の状態となり、上場企業にとってはハッピーでも、投資家保護の見地からは、不測の結果をもたらすのではないかと懸念される。

株式上場のデメリット

今度は、株式上場にともなうデメリットについても考えよう。

株式を上場するということは、その日から不特定多数の投資家が、自由にその企業の株式を売買することができることを意味している。しかも、非上場企業とちがって、経営内容が逐一、株主に対して公開されてもいる。

毎決算期ごとに有価証券報告書を公開する義務があるうえ、最近では四半期ごとに、つまり三カ月に一度は、収益の状態を開示しなければならなくなった。しかも、収益動向を左右するような出来事が起これば、これもタイムリーに報告する必要がある。上場企業はガラス張りの経営を強いられているわけである。

こういう条件のもとでは、いつどこの誰が、こっそりとその企業の株式を買占めにかかるともかぎらない。ある日突然、企業の経営権を支配できるだけの株式を買占めた人間が乗り込んできて、経営者の交代を強要するかも知れないというリスクがある。いわゆる〝乗っ取り〟である。

　随分古い話を持ち出すようだが、一九五〇年代のはじめごろ、当時、東京・日本橋に白木屋という老舗のデパートがあった。伝統のあるデパートなのに、凡庸な経営者のために業績が伸びない。「よし、俺がかわりに経営してやろう」と、ひそかに白木屋の株式を買占めにかかった、一人の男がいた。横井英樹という、まだ若い〝乗っ取り屋〟である。

　もうすこしで白木屋の乗っ取りが成功するかにみえたとき、横井の軍資金が尽きてしまった。困惑した横井は、その道の大先輩でもある東急電鉄の五島慶太に頼んで、同デパートの乗っ取りに成功した。しかし、横井が経営権を握ったのも束の間、やがて東急が全面的に白木屋の経営に乗り出して、横井は体よく追い出されてしまった。

　白木屋は、その後間もなく東急百貨店日本橋店と名前を変えて営業してきたものの、最近経営が行き詰り、とうとう廃店となった。私は、日本橋を通ると、いつも横井のことを思い出さずにはいられない。

　この話にヒントを得て、城山三郎が小説に仕立てた。題して『乗っ取り』という、そのものズバリの書名であった。その中で城山は、横井の行為を〝男のロマン〟と賛えていたのが私の気に障って、私は自分の本『株の経済学』（ＰＨＰ研究所）で城山を責めた。当時の私は、乗っ取りはいくら合法的な行為とはいえ、モラルに反するものと考えていたから、乗っ取りを男のロマンだとする城山を許せなかったのである。

城山三郎からは私宛に、大略つぎのような手紙を頂戴した。「自分自身は株式に関心を持たないが、『乗っ取り』は、スタンダールの『赤と黒』を経済界に応用して書いてみたかった」と。これには私も脱帽した。

株式を買占めて企業を乗っ取ろうとするのは、一種の暴力行為だから許せないと思うのだが、もっと合理的に正々堂々と企業の経営権を奪取することが、法律として制度化されているといったら、読者は驚かれるだろうか。それがTOB（テイク・オーバー・ビッド＝株式公開買付）である。

TOBというのは、新聞などメディアを使って、これこれの企業の株式をいくらで買いたいと宣言して、経営権奪取に必要な株式を集めるやり方である。もっともTOBには、こうした敵対的TOBと、友好裏に企業を売買する友好的TOBもあるから、かならずしもTOB自体が悪いとはいえない。むしろ、これを法律（日本では証券取引法）で認めているのは、陰にまわってこそこそとやるよりは明快でよい、との判断があるからかも知れない。

しかし、敵対的TOBを仕掛けられた企業にしてみれば、これを防衛する手段を講じなければならず、経営者としては夜もおちおち眠っていられない日が続く。株式を上場したばかりの企業の経営者に聞くと、毎日の自社の株価が気になって仕方がないとぼやいていた。

乗っ取りやTOBに対する心配、あるいはそこまでいかなくても、買占めなどの行為によって株価が不自然な動きをすることに対する苛立ち、このようなことは株式上場のデメリットといってよいだろう。

そういえば、代表的な大企業の中で、株式を上場していない企業もたしかに存在している。敢えて企業名をあげると、竹中工務店、サントリー、出光興産、ＹＫＫ、……ｅｔｃ。

これらの企業に共通しているのは、いずれも同族会社でオーナー企業である。サラリーマン経営者の企業よりも、経営権への執着が強いということなのか。それとも、株式を上場しなくても、必要な資金はいつでも調達できるという自信なのだろうか。恐らく、その両方であろうと私はみている。

第8章　株式会社は誰のものか

コーポレート・ガバナンスの重視

株式を発行しているから株式会社である。その株式を所有している人は株主である。それでは、株式会社は誰のものか。株主のものなのか、それとも経営者が支配しているのだろうか。本章では、株式をめぐるいくつかの問題を、ここからはじめることにしよう。

近代株式会社の生い立ちをみていると、最初は、企業の創立者すなわちオーナーが、自ら資本を提供して株式会社をつくり、自分自身が経営者におさまる、というところからはじまっている。つまり、大株主であるオーナーが株式会社を支配するという形である。

ところが、企業規模が拡大するにつれて、オーナーを中心とした一族の出資だけでは、到底追いつかなくなって、社外から多数の株主に出資を仰ぐ必要が出てきた。これも当初は、主として個人株主が出資に応じていた。しかし個人株主は、元来が「物言わぬパートナー」（silent partner）であって、直接、経営に口を出すことは滅多になかった。

たしかに、株式会社には株主総会という最高意思決定機関が存在するにもかかわらず、現実には形骸《がい》化して、株主の意思を表明する機会とはなりにくかったのである。しかし、さらに企業規模の拡大が必要になると、個人株主以外に、機関投資家と呼ばれる新たな株主が登場してきた。

機関投資家の存在が、株式会社の経営に決定的な影響を与えるようになったのは、アメリカにおいてである。アメリカでは一九三〇年代以降、銀行、生命保険会社、投資信託、企業年金基金などが、豊富な投資資金の運用先を証券市場に求めるようになった。なかでも、投資信託と企業年金基金は、その制度や資金の性格上、主に株式投資を重点的に行ったため、有力企業の大株主としての地位を確保した。

しかし、これらの機関投資家は、はじめは経営に対して積極的にタッチしようとはせず、もっぱら経営者の手腕を信頼して、配当と株価の値上がり益（キャピタル・ゲイン）を獲得することにのみ、関心を寄せるにとどまっていた。

これを裏書きするのが、一九三二年に出版された、バーリーとミーンズによる『近代株式会社と私有財産』という著書である。バーリーとミーンズはこの中で、つぎのように主張した。

すなわち、企業規模の拡大とともに株主数が格段に増加すると、少数の大株主が企業を支配することがもはや不可能となり、かつての大株主やオーナーは経営の現場から身を引いて、その代わりに、株式は持たないが経営能力にすぐれた専門経営者が、日常の企業の運営に携わるようになる、と。バーリーとミーンズの主張は現実となり、いわゆる「所有と経営の分離」が、アメリカの企業社会では常識とされるようになったのである。機関投資家も専門経営者を信頼して、経営を彼らに任せていた。

しかし、一九六〇年代以降になって、機関投資家の資産規模が飛躍的に拡大し、株式市場においても〝機関化現象〟といわれるほどに支配力を発揮しはじめると、当然ながら、その勢いは企業経営にも及ぶようになった。機関投資家の発言力は強大となり、彼らは安定的大株主の立場から、企業経営をモニタリング（監視）するようになったのである。コーポレート・ガバナンスといわれる機能がそれである。

このような、企業経営における社外株主による支配力の増大は、当然ながら、株式会社の意思決定機構や業務執行組織にも、大きな変革をもたらした。すなわち、従来の取締役会は、日常の業務を執行する機関ではなくなり、取締役は株主総会で選任された役職であるから、株主の利益代表として、企業経営をチェックする義務を負うという考え方に変わってきた。

そのため、取締役会と業務執行を司《つかさど》る執行役員会とに分離された。また、取締役会のメンバーの半分以上は、社外取締役によって占められることにもなった。取締役会により選任された執行役員が執行役員会を構成して、日常の業務運営に当り、その結果を取締役会に報告することが義務づけられている。

これに対してわが国の場合は、外部の大株主の比重が高いという点ではアメリカと同様であるが、そ

図1　取締役会の機能強化施策の状況

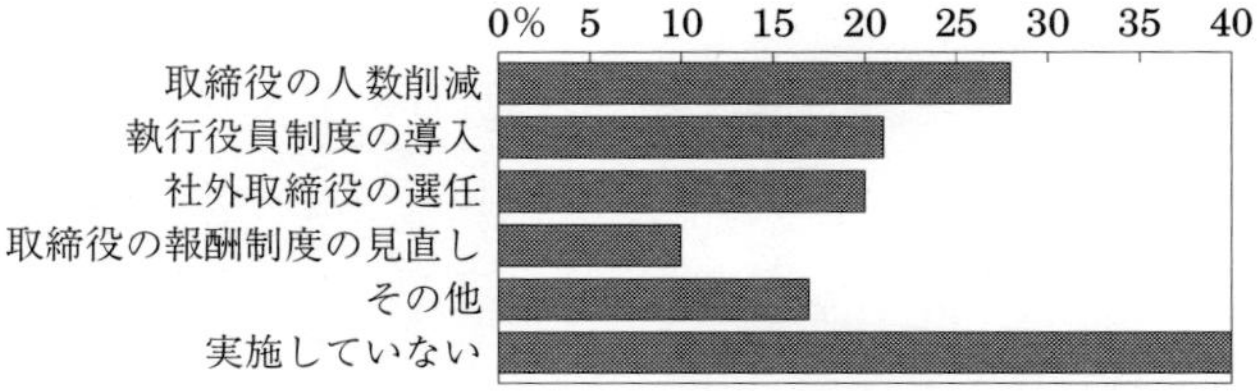

（注）　東京証券取引所調べ。1310社が回答，複数回答。
（出所）『日本経済新聞』2001年5月1日付。

の中味は相当に隔たりがある。わが国では、アメリカにくらべて機関投資家が台頭してきた時期が遅かった。その代わりに、金融機関や関係企業など、いわゆる〝法人株主〟の比重が高いのが大きな特徴だといえるだろう。

これらの株主は、その企業との関係が密接であるため、アメリカの外部大株主のように、経営に対して外側からきびしくモニタリングするという役割を果たすことができず、もっぱら企業内部の取締役によって構成された取締役会が、大きな権限を握ってきた。

もっとも最近になって、企業破綻や社内不祥事件の多発を契機に、取締役会に外部からのチェック機能が働くように社外取締役を起用したり、執行役員制度を導入したりする動きが現われはじめている。日本ではじめて執行役員制度を設けたのはソニーであるが、現在では、かなりの企業の間にこうした動きが広がっている（**図1**参照）。

こうした傾向を受けた形で、法制審議会の会社法部会が商法改正要綱案の中間試案をまとめた（二〇〇一年四月）。それによると、資本金五億円以上の大企業については、①最低一名以上の社外取締役の選任を義務づける、②執行役員制度の選択的導入を認める、などが盛られている。

わが国でも、ようやくコーポレート・ガバナンスの必要性が認識されるようになり、それが法的整備に向けて動き出した、ということができそうである。

企業経営には外部の目が必要

もうすこし、コーポレート・ガバナンスに関する話を続けることにしよう。

アメリカの大企業では、取締役の半数以上が社外取締役だというし、わが国にも社外取締役が義務づけられる方向にあるということは、それだけ、企業経営の透明性を高めようとする社会全体の要求が大きいことを意味していると思われる。このことが、もっと突き詰めた姿で現われているのが株主代表訴訟であろう。

株主代表訴訟というのは、株主が会社に代わって、取締役などに対して損害賠償を求める権利を行使することができる制度である。わが国の商法では、六カ月以上引き続いて株式を保有している株主であれば誰でも、取締役などが会社に対して負う債務について、会社に対して訴訟の提起を請求することができる、と定めている。株主代表訴訟の申立手数料が一律八二〇〇円と低廉になったことも影響しているのか、近年、株主代表訴訟がうなぎのぼりに増加しているという実態がある。

一九九五年にアメリカで起きた、大和銀行ニューヨーク支店の行員による不正取引について、株主代表訴訟がなされ、二〇〇〇年九月に大阪地方裁判所から判決が下された。大阪地裁が大和銀行の現・旧役員に損害賠償を命じた金額が、なんと八〇〇億円という巨額であったことから、にわかに企業側の対抗策をめぐって議論が沸騰している。現行法では、損害賠償の責任は社外取締役にも及ぶので、「これでは社外取締役のなり手が無い」とまでいわれている。

またまた私事になるが、実は私も、最近、ある大企業から社外取締役に就任してほしいという要請を受けた。しかし、もし株主代表訴訟が起こされて、賠償責任が社外取締役にまで及ぶようなことになれば大変だと、半ば本気で悩んだ揚句、結局は、その要請を受けることにした。

それというのは、この点でも商法改正が行われる可能性が高いからである。つまり、社外取締役の場合、定款で報酬二年分を最低として最高額を決めておけば、株主総会や取締役会を開かなくても、賠償額を軽減することができるようになるというのである。

逆に、社外取締役の存在が、株主代表訴訟への対抗策ともなりうる。社外取締役だけで訴訟委員会を構成していれば、株主代表訴訟が起こされたとしても、同委員会が訴訟の内容を調査して、会社のためにならないと判断すれば、裁判所に対して申し立てを却下するよう求めることができるからである。アメリカで社外取締役がふえたのは、裁判所が訴訟委員会の判断を尊重するケースが多くなってからだ、という指摘もあるくらいである。

ところが、わが国の経済界では、個々には社外取締役を起用している企業がふえているその一方で、商法によって社外取締役の選任を義務づけるのは反対、との意見が強い。たとえば経団連（経済団体連合会）は、社外取締役の導入は株主や企業の経営者が判断すべき事柄であり、法律で強制すべきではないと表明しているぐらいである。

これは、企業の自主性を尊重したいということだろうが、社外取締役の役割としては、企業経営のチェックというよりも、むしろ外部からの視点で経営にアドバイスするという面も重視すべきであろう。したがって、積極的に社外取締役を受け入れた方が、かえってベスト・プラクティス（最善の経営手法）を学ぶよい機会になるのではないかと思われる。

株式に対するインセンティブ

さて、再び話題を株式に戻して、ここでは、企業経営者もしくは従業員の株式に対するインセンティブを中心に考えてみたいと思う。

株式に対する経営者や従業員のインセンティブというと、誰もがストック・オプションを連想するにちがいない。ストック・オプション（stock option）というのは、経営者あるいは従業員に対して、その企業の株式を買いつける選択権（オプション）を与える制度である。

たとえば、株価が一〇〇〇円であるときに、ストック・オプションを取得した人は、その企業の利益が向上して、株価が二〇〇〇円に上昇したとしても、選択権を行使して一〇〇〇円でその株式を買うことができる。それを市場で売却すれば、一〇〇〇円の利益が得られることになる。ストック・オプションは、企業に対する経営者や従業員の貢献度いかんによって、報酬もしくは給料・賃金以外に利益を受けることができる制度である。

もともとストック・オプションは、アメリカではじまった制度である。アメリカの企業とくに大企業は、すでに述べたように、機関投資家を中心に経営成果にきわめて敏感な大株主によって、つねに経営が監視されている。そこで、これら大株主の意向も受けて、外部から有能な最高経営責任者（CEO）を起用するのが常識のようになっている。

外部からのCEOの起用に当っては、主に同業界において業績をあげ、一定の評価がなされている人物を招くことが多い。したがって、新しく経営者として外部から起用された人が、その企業の株式を保有していることはほとんどない。

もちろん、高額の報酬をもって招かれるにちがいないが、たとえ、その人の経営能力によって企業業績が向上し、株価が上昇したとしても、それによって潤うのは株主だけである。そこで、新しいCEOにも、インセンティブとしてストック・オプションをつけることが、就任に際しての条件になっているようである。

アメリカにおいては、外部から起用されたCEOが、長期間、同一の企業にとどまることはむしろ稀《まれ》であるから、その人はストック・オプションを行使して、株式売買差益を獲得し、また別の企業に移っていくことになる。有能な経営者を招くためにも、アメリカの企業社会ではストック・オプション制度は欠かせない。

もちろん、経営者だけでなく、従業員にもストック・オプションを適用することによってモラルを向上させ、労働意欲を高めることも可能であるため、ストック・オプションを従業員レベルにまで拡大して実施している企業もすくなくない。

最近はわが国でも、主として従業員レベルのモラル向上の目的で導入している企業が目につく。しかし、まだ現在の段階では、導入の緒についたにすぎず、わが国にストック・オプション制度が定着するかどうかは不明な点がある。

なぜなら、わが国の企業のかなりの部分が、従業員持株制度を採用しているからであろうと思われる。なかでも非上場企業の場合は、従業員にも経営参加意識を高める目的で、株主の主要構成者として、従業員持株制度を導入している企業がすくなくない。

また、その企業が将来、証券取引所や株式店頭市場に株式を上場すれば、株主である従業員にも大きな福音であるにちがいない。このことが結構、従業員にとってインセンティブになっている面がある。

もっともその反面、いくら株式上場が実現したといっても、従業員がその企業に勤務しているかぎり、そう簡単に持株を売却して、キャピタル・ゲインを獲得することが困難だという問題はある。まだまだわが国の企業には、愛社心とか会社に対する忠誠心を求める気風が強く、従業員が株式を売却すると背信者のようにみられるからである。

しかし従業員の中には、住宅の購入や子供の教育資金など切実な資金需要があって、株式の売却をのぞむケースもすくなくないので、企業側としてもある程度は株式の売却を認めるなど、弾力的な対応をする必要がある。企業側が頑として従業員の株式売却を認めようとしなかったために、株式を多く所有している古参のベテラン社員が何人も辞職してしまい、大幅な収益の低下を招いてしまったケースもあるからである。

このように、ストック・オプションにせよ従業員持株制度にせよ、株式が経営者や従業員にとってインセンティブの対象とされており、それだけに、経営者も従業員も自社の株価動向には敏感に反応するようになってきた。

株式持ち合いの論理

それでは、もう一度元に戻って、わが国の企業における株式の所有関係について議論することにしよう。それは、わが国に特有の制度あるいは慣習といわれる、株式の持ち合いについてである。

最近では、銀行の不良債権処理のために、銀行が所有してきた株式を大量に市場で売却したり、あるいは財務状態の悪化に苦しむ企業も、関係会社の株式を容赦なく売ってしまうなど、持ち合い解消の現象が起こっている。

このような株式の大量売却が株式市場の低落を引き起こすというので、株式買い上げ機関の設立が検討されてもいる。この点についてはあとにふれることにして、わが国の銀行と企業の間、あるいは企業同士で株式を持ち合う慣習が、どのようにして形成されたのかについて、まず明確にしておきたい。

わが国における株式持ち合いの端緒は、相互持ち合いではなく、一方的に銀行が企業の株式を所有することからはじまった。太平洋戦争に敗戦した日本は、戦後数年間にわたって、戦勝国である連合国軍（実質的にはアメリカ軍）の占領下に置かれた。

この間に、占領軍当局によって徹底的に財閥解体が推進された。それは、三井・三菱・住友・安田……といった財閥が、軍部による軍国主義の拡張、引いては無謀な戦争の遂行に協力したという理由からであった。

その間の経緯について述べることは、ここでの主題から外れてしまうので省略せざるをえないが、解体の対象となった財閥企業の中で銀行だけは、平和産業として戦後の日本にとってなくてはならない存在だという理由で、そのまま存続が認められた。

ところが、連合国軍による日本占領が終了し、再びわが国が主権を回復すると、逆に財閥復活の要望が経済界から起こってきた。しかし、すでに財閥は解体され、また財閥復活を封じ込める独占禁止法も制定されていたため、その要望は達せられなかった。そこで旧財閥の関係者は、無傷のまま存続していた旧財閥系銀行を中核にして、企業集団としての再出発をはじめたのである。

旧財閥系の銀行は、かつての財閥傘下の企業に対して、積極的に貸し付けるだけでなく、企業の株式を所有すると同時に、銀行から企業に対して役員を派遣するなどの方法により、企業集団としての紐帯《ちゅうたい》を強めていった。この当時は、まだまだ日本経済は高い潜在成長力を持っており、資金需要がきわめて旺盛な時代であったから、銀行中心の企業集団形成が容易に実現できたのである。

このように、財閥の復活を目論む旧財閥系銀行と、財閥傘下の企業との間ではじまった株式所有であったから、たんに銀行が一方的に企業の株式を所有するだけでなく、企業も銀行の株主となり、また企業同士の間でも株式の相互持ち合いが進行していったのは、まさに自然の成り行きであったということができる。

それでは、旧財閥系銀行ではないが、有力銀行に成長していた三和銀行、日本興業銀行、東海銀行などはどうであったかというと、これらの有力銀行は財閥に属していなかった大企業を中心に、積極的に融資活動を行うとともに、株式を相互に持ち合うことによって、新たな企業集団をつくり上げていった。興銀グループ、三和グループなどといわれるものがそれである。

わが国の株式持ち合いの第二の類型は、主として自動車産業が口火を切ったと考えられる。それは、資本取引自由化の進行と並行してすすめられていった。一九六四年（東京オリンピックの年）前後になって、わが国はＯＥＣＤ（経済協力開発機構）という先進国グループに加入し、またＩＭＦ（国際通貨基金）の八条国に移行したため、正当な理由なしに資本取引を制限することができなくなった。

資本取引の自由化というのは、たとえば外国人が日本の株式を購入するのを制限したり、外国通貨の国内への持ち込み、国外への持ち出しを制限したりすることを止め、自由化することを意味している。

しかし、一九六〇年代はまだ、わが国の産業が十分な国際競争力をつけるにはいたっていなかったため、下手に資本自由化を推進すれば、外国資本が進出してきて日本企業が衰退してしまう、という危機感を抱く企業が多かった。その代表格が自動車産業だったのである。

いまから思えば、とても考えられないことではあるが、この当時は、トヨタ・日産を中心としたわが国の自動車産業の経営者たちは、アメリカのビッグ・スリー（GM、フォード、クライスラー）が、日本の自動車部品メーカーに出資ないし買収して、支配下に収めることにでもなれば、アメリカ製自動車の日本での生産が実現して大変なことになる、という危機感を抱いていた。だから、これを絶対に阻止しなければならないと考えたのである。

私がはじめて乗用車を買ったのは一九六四年のことで、買ったのはトヨタのコロナであった（当時、コロナは一種類しかなかった）。早速、名神高速道路でスピード・テストを試みたまではよかったが、制限速度をオーバーして、時速一〇〇キロも出すと、とたんに横ぶれが激しくなり、恐ろしくなってスピードを落とした思い出がある。

国産車の性能がこんな程度であったから、もしアメリカ車が日本に上陸すればひとたまりもない、と自動車産業の経営者たちが心配したのも無理はなかったのである。そこでトヨタ・日産は、系列下の部品メーカーの株式の過半数以上を所有して、外国資本に支配されるのを防衛しようとしたのである。それと同時に、関連企業の株式を相互に所有し合うことも積極的に推進した。

このような形での株式持ち合いが、日本の産業全体に浸透していくのに、それほど長い時間はかからなかった。また、一方的な株式所有にくらべて、企業同士が相互に株式を持ち合った方が資本の節約にもなる、という合理的な計算も働いたに相違ない。

わが国に独特な株式持ち合い制度は、このようにして、ひとつは銀行を中心とした企業集団の形成を目的として、また他のひとつは主に外国資本からの防衛手段として、それぞれ日本経済に定着し、〝日本資本主義の一大特徴〟とまでいわれるようになったのである。

株式持ち合いの解消はじまる

株式持ち合い制の進行は、株式市場にも大きな影響をもたらした。銀行と企業、あるいは企業間で相互に持ち合われた株式は、それぞれ安定株として所有され、再び市場で売却されることがなかった。もともと、株式所有の目的が企業支配、企業間の関係強化、乗っ取り・買い占めからの防衛などであるため、たとえ、所有株式の収益が低下し、配当が下がったとしても、銀行や企業は決してそれらの株式を手放そうとはしない。

この点が、アメリカなどの機関株主との大きな相違点である。機関投資家が株式を所有するのは、あくまで投資目的であって、わが国のように、支配ないし支配からの防衛という目的で所有しているのではない。したがって、株式を所有している企業に対して、高い収益力を維持するようにコーポレート・ガバナンスを仕掛けるのである。

さて、発行株式の過半数あるいは大多数が、このような株式持ち合いによって流通市場に現われないとすれば、浮動株が極端にすくなくなるため、少数の売りもしくは買いによって、容易に株価が変動するのは自明の理であろう。とくに、一九八〇年代後半のバブル期においては、このことが日本株高騰の原動力であるとされた。

なぜなら、折りからのマネー・サプライの増加を背景にした過剰流動性資金が株式市場に流入した際、浮動株数が極端にすくないため、かんたんに株価が上昇したからである。大衆投資家は、上昇した株価をみてさらに買うという行動に走り、そのために株価はさらに高騰を続けた。

ところが、バブルが崩壊し、そのあとには巨額の不良債権が銀行に累積してしまった。株式と並行して上昇していた地価も暴落を続け、土地を担保に融資していた貸出し金が、そのまま返済不能となったからである。銀行にしてみれば、自力で不良債権を償却するには、所有している株式に手をつけざるをえない。

いかに企業集団内の連帯が重要だといっても、「背に腹はかえられない」の道理で、所有株式を市場で売却しはじめた。それに加えて、旧財閥系銀行同士が合併し（三井住友銀行の誕生）、また旧財閥の枠を越えた企業の統合が起こっていることも、株式持ち合いの意義を失わせ、銀行の株式売却に拍車がかかったものと思われる。

一般企業にとっても、銀行とそれほど事情は変わらない。長びく不況の影響で、財務状態が極端に悪化している企業もすくなくない。これらの企業も、持ち合い株式を市場に売却しており、にわかに〝株式持ち合い解消〟の様相を呈しはじめた。

このこと自体は、株式市場にとっては浮動株が増加して、正常な株式の需給関係を取り戻す機会であるから、歓迎すべき現象であるはずである。しかしながら、あまりにも大量の株式が市場で売却されると、株価の下落につながることはいうまでもない。

株価のこれ以上の低落は、日本経済にとって堪えられないとする発想から、にわかに株式買い上げ機関の構想が、主として自民党を中心に持ち上がってきた。

株式買い上げ機関については、かつて一九六四年から六五年にかけて、日本経済がいわゆる〝四〇年不況〟(元号でいえば昭和四〇年であったため一般にはこう呼ばれている)といわれた、戦後はじめての深刻な不況から脱出するために、日本共同証券(株)と日本証券保有組合という、ふたつの機関をつくった前例がある。

いずれも、株式市場の需給関係を改善して、株価の回復をはかろうとする目的を持って設立された。これについては、「おおむね成功」という評価が下されている。

表1　戦後の株式買い取り組織の概要

	日本共同証券	日本証券保有組合	銀行保有株式取得機構（案）
設　立	1964年1月	1965年1月	2001年？
組織形態	株式会社	民法上の組合	未定
出資者	銀行・証券18社	証券取引所の会員証券会社	銀行など
買い上げ規模	約16億2400万株 約1900億円	約21億2000万株 約2300億円	未定 約10兆円1）
資金調達	各銀行と日銀からの融資	日銀からの融資	預金保険機構の活用を含め政府保証など公的な支援
解　散	71年1月	69年1月	
保有株処分法	主に企業に売却		上場投信や投資信託に組みかえて，個人への売却など
解散時の利益2）	約280億円	約297億円	
設立の背景	岩戸景気の反動や国際収支悪化が原因の金融引き締め，63年のケネディショックなどで不況感が強まる。投資信託ブームが去り，解約が相次いだことで投信の組み入れ株式が市場に逆流。株価が大きく下落していた		バブル経済崩壊，不良債権問題などによる経済危機。銀行の保有株式を制限し，株価の下落で景気や銀行の財務内容が悪化するのを防ごうという動きが出てきた

（注）銀行保有株式取得機構の概要は政府の緊急経済対策による。
1）銀行保有株を自己資本と同じにする場合で試算。
2）株主や出資者に資本金や出資金を返したり，配当したりしたあとに残った金額。
（出所）『朝日新聞』2001年4月23日付。

これに対して今回の株式買い上げ機関の構想は、①買い上げ株式の対象を銀行に限定していること、②銀行に出資させること、③所有株式の処分は、投資信託などを通して個人に売却すること、などを主な骨子としている。

一九六四―六五年の株式買い上げ機関設置の目的が、

単純明快に「株価の下支え」であったのに対して、今回の構想では、「金融システムの安定化」に主目的が置かれているようである。それは、とりあえず銀行の所有株式だけに対象をしぼって買い上げ、そのあと銀行の株式所有を制限することによって、株式持ち合いを解消させることを狙っていると考えられる。

しかし私は、株式買い上げ機関の設置には賛成できない。短期的な株価対策では、基本的になんの役にも立たないからである。株価は市場の評価によるものであって、株式を発行している企業の収益力が回復に向かうような構造改革というか、インフラ整備を実施することこそが肝要だと考えている。

それにしても、銀行が火をつけてはじまった、日本独特の株式持ち合い制が、いま、その銀行によって解消に向かいはじめたというのは、いかにも皮肉なめぐり合わせだという気がする。

しかし、銀行が株式を所有しなくなった分を、一体、誰が代わって所有することになるのであろうか。それは個人株主なのか、それとも外国人なのだろうか。株式持ち合い解消後の受け皿は、不明のままである。

第9章　証券取引所が株式会社になった

証券取引所の二大機能

ここでようやく、証券取引所について語る順番がやってきた。いうまでもなく証券取引所は、株式や債券などを取引する市場の中で、最も組織的な市場ということができる。

いまでこそ、世界中のほとんどの証券取引所では、証券業者たちが立会場《たちあいじょう》（フロアーという）に一日中突っ立って、大声で売買の相手を求め合う風景がみられなくなってしまったが、ひと昔まえまでは、学生諸君を連れて、証券取引所の見学に行くと、観覧席から立会いの状況を眺めることができたものである。

一九九九年夏、私は一七年ぶりにパリ証券取引所を訪ねた。私がはじめて同取引所を見学したときには、観覧席からではなく、取引人たちが互いにやりとりしている立会場の中に入れてもらい、至近距離で臨場感に浸ることができた。

今回も、それを期待して訪れたのだが、その期待は見事に裏切られた。かつての立会場はガランとして、誰ひとりいない。夏休みで休場なのかと思って、受付嬢に尋ねたところ、現在はもうここでは立会いはしていない、大通りを越えた向かい側のビルの中で、コンピュータによって取引をしているのだという。

パリ証券取引所も含めて、世界の主要な証券取引所では（アメリカを除いて）、証券の取引はコンピュータによって行われていて、私たちの目にはふれないブラック・ボックスの中で、売りと買いがせめぎ合っているはずである。もちろん、コンピュータであれ人間同士であっても、結果は変わらない。

証券取引所が開設している市場は、経済学でいうところの完全競争市場に近いと考えてよいだろう。完全競争市場というのは、①誰もが単独または少数で市場を支配することができないこと、②市場に関する情報が売買当事者に平等に伝達されていること、③市場の参入および退出が自由にできること、などの条件を満たした市場のことを指す。

現実には、完全競争市場はほとんどみることができないが、証券取引所はその数すくない例であるとされている。すなわち、証券取引所には、株式や債券を売買する投資家が、直接に参加することはできないが、投資家の売買注文を仲介する証券会社の社員が売買取引を成立させている。投資家は好きなときに、売買注文を証券会社に発注すればよい（市場参入・退出の自由）。

また証券に関する情報は、各種のマスコミのニュースや証券会社からの情報提供によって、平等に投資家に伝達される（情報伝達の平等性）。さらに単独もしくは少数の証券会社が、証券取引所を支配することも不可能である（市場支配の不可能）。

このように、証券取引所が完全競争市場に近い市場だと考えれば、証券取引所が果たしている機能は、①売買取引の確実な成立、②公正な価格の決定、のふたつに集約することができる。

それでは、これらの機能を果たしうる証券取引所の組織形態としては、どのような形が最も適切であろうか。これについては、ひとつには外部からの介入を排除して、売買当事者だけで自由な売買取引を維持できるような組織形態であるべきだ、とする考え方がある。

他方、むしろ証券取引所を〝公共財〟とみたて、証券の売買関係者以外の公的機関によって運営する方がよいとする考え方もありうる。

歴史的に、証券取引所の形成過程をみると、右に述べたふたつの考え方が、そのまま、世界の証券取引所の二大主流になっていることがわかるのである。すなわち、ひとつはイギリスおよびアメリカを中心とした、アングロ・サクソン系の会員制の証券取引所であり、他のひとつは、主としてヨーロッパ大陸諸国に多くみられた、公営の証券取引所である。

本章の後半では、主要な証券取引所が株式会社組織に移行しているという現実と、なぜ株式会社に変わるのか、その背景について考えることに焦点を当てていくつもりである。しかし、少数派ながら、戦前期のわが国も含めて、株式会社組織で証券取引所を運営するケースもあったから、三つ目の形態として、株式会社組織についてもふれることにしたい。

会員組織と公営組織

まず、会員組織の証券取引所からみていくことにしよう。すでに、第2章でもふれたように、世界で最もはやく証券業者が出現して、証券取引所を設立したのはイギリス（ロンドン）であった。

はやくも十七世紀の半ば以降には、ストック・ブローカーが出現しており、彼らが長い間、コーヒーハウスに陣取って売買取引を行っていたことも、すでに述べた。ロンドンの証券業者たちは、自主独立の気風が強かったから、彼らだけの私的クラブのような存在として証券取引所を創立し、その運営に当ったものと考えられる。

すなわち、証券業者自身が会員となって証券取引所を創設し、彼らの中から理事長をはじめとする役員を選出して、取引所を運営する。また、外部からの介入は一切排除するというやり方であった。

このような、ロンドン証券取引所の組織形態や運営方式は、その後アメリカに輸出され、とくにニューヨーク証券取引所において、完成度を高めていった。次章でとり上げる証券業者の株式委託売買手数料にしても、ニューヨーク証券取引所会員業者の間では、固定手数料制を採用して、どの証券業者も同一の委託手数料を顧客である投資家から徴収する慣習を、一九七五年まで貫き通した。

また、証券取引所の会員を定員制にして、証券業者が外部から新たに参入しようとする場合には、空いた会員権がある場合に限って、会員権の購入を認めるなど、閉鎖的社会を維持してきた。しかし、この会員組織の証券取引所が、世界の証券取引所組織の主流を占めてきたことは確かである。

つぎに、もうひとつの主流である公営組織の証券取引所についても、述べておかなければならない。主として、ヨーロッパ大陸諸国の証券取引所が、この形態を採用してきた。このことを、ドイツとイタリアの取引所を例にとって説明しよう。もっともドイツでは、現在は株式会社組織に移行してしまっているが、それまでの百数十年間は、もっぱら公営組織で運営されていた。

しかし、〝公営〟という表現は、かならずしも適切とはいえないかも知れない。というのは、ドイツやイタリアの証券取引所は、もっぱら商工会議所によって運営されてきたからである。

日本では、商工会議所といえばせいぜい企業の親睦団体ぐらいにしか理解されていないようであるが、ヨーロッパ大陸諸国においては、地方自治体など行政機関の一翼を担い、とくに経済・商業行政を担当してきたという歴史がある。

私の経験を話そう。私がはじめてミラノ証券取引所を訪問したときのことだから、もう三〇年も昔の話ではあるが。〝BORSA〟（イタリア語で取引所の意味）と書かれた証券取引所の玄関を入って、立会場を見学したのだが、帰るとき出口を間違えて、入ったときとは反対側の玄関から出てしまった。ふと、ふりかえってみると、そこにはミラノ商工会議所の看板が嵌め込まれていたのである。つまり、証券取引

図１　正面からみたミラノ取引所とその玄関
（反対側が商工会議所の入口）

所と商工会議所は同じ建物に入っていて、それぞれ玄関は別にあるということがわかった。

このように、証券取引所の運営や管理については商工会議所が行っていて、商工会議所は地方自治体の行政の一機関としての役割を果たしていることから、私はこれを公営組織と名づけたのである。もっとも、ヨーロッパ大陸諸国の中には、株式会社に移行前のパリ証券取引所のように、取引所の建物はパリ市の所有であって、証券業者で構成する株式仲買人組合がパリ市から借りて運営に当っているケースもあり、必ずしも一様ではないことを付記しておこう。

会員組織と公営組織を比較すると、売買取引の自由の確保という点では会員組織がすぐれている一方、公益性という面では公営組織のほうが優っているといえるだろう。

三番目の組織形態として、株式会社組織の証券取引所についても取り上げておくことにする。さきに、この組織形態は〝少数派〟であるといったが、かつて、明治初期（一八七八年）から一九四三年までの間、わが国の株式取引所（当時はこのように呼んでいた）が株式会社組織で存在していた。

これは、わが国に取引所制度を根づかせるためには、取引所を株式会社にして、もっぱら営利目的で運営させた方がスムーズにいくとする行政判断が、その当初にはあったからではないかと考えている。しかも、いったん株式会社組織を認めると、取引所側がこれに固執して、会員組織に改めさせようとする行政側に抵抗したため、結局は長期間にわたって株式会社組織が継続したのである。

第二次世界大戦後に、新しく創設された証券取引所の中では、私の知るかぎり、台湾だけが株式会社組織を採用した。台湾証券交易所（中国と台湾では取引所と呼ばず、交易所と称している）は一九六二年に開所したが、そのとき私は、同取引所の初代理事長に就任した洪振甫氏（現在、なお台湾経済界の最長老）に会って、株式会社組織にした理由を、直接、質したことがあった。

洪理事長の話によると、それは以下のような理由によるものであった。会員組織が理想であると思うが、それには、取引所の会員となる証券業者の経営規模や社会的信用度が高いことが前提となる。残念ながら、台湾の証券業者の地位はまだ低いので、株式会社組織にして、政府と国有銀行が株式の大半を保有することにより、大株主として取引所の運営を監視することにした。決して営利を目的とするものではないとも、同理事長は強調した。

創立以来、もう四〇年近くになるが、台湾証券交易所は株式会社のままである。

フランクフルト証券取引所の株式会社化

ところが、一九八〇年代後半から九〇年代にかけて、会員組織や公営組織の証券取引所の中から、相次いで株式会社組織に移行するケースがふえてきた。**表1**にみられる通り、ヨーロッパの主要証券取引所がこぞって株式会社になったのであるから、これは一大変異現象といえる。

恐らく、EU（ヨーロッパ連合）の成立やヨーロッパ統一通貨ユーロの誕生と大きな関係がありそうであるが、これらの点については、もうすこしあとの節で述べることにしたい。

まず、株式会社化への口火を切ったのは、会員組織の証券取引所の元祖であるロンドン証券取引所である。その数年後には、これも公営組織の代表格のフランクフルト証券取引所が、株式会社に移行している。

そこで、フランクフルト証券取引所を例にとって、株式会社移行への経緯と背景について考えてみることにしよう。

フランクフルト証券取引所の株式会社化の背景には、いくつかの要素がある。その第一は、ドイツ国内の取引所の統合への布石である。ドイツは伝統的に地方分権の国家であり、証券取引所においても中央取引所が存在せず、フランクフルト、デュッセルドルフ、ハンブルグ、ミュンヘンなど、八取引所が分立していた。

もちろん、その中で最も売買高の多いのがフランクフルトであったが、そのフランクフルトを中心に、ドイツ国内の取引所が統合することによって、すなわち、ドイツ資本市場を形成することにより、ＥＣ（ＥＵの前身）域内において強力な証券取引所を実現することが指向されたのである。その準備段階として、一九八六年にはドイツ証券取引所連合会が発足している。

第二は、取引所における電子取引の導入である。ドイツ国内の証券取引所を結ぶ相場情報システム（KISS）、および立会場間の取引注文を支援するBOSS-CUBEなどの電子システムが、八〇年代後半に開発された。さらに、先物取引およびオプション取引を切り離して、新たにドイツ先物取引所（ＤＴＢ）を設立したため、ＤＴＢの電子システムとも統合する必要に迫られることになった。

第三点は、ＤＴＢの発足により、あらためて、現物・先物・オプションの諸取引を総合的に結合させるための、総合取引所の設立が要請されたことである。ＤＴＢが有限会社組織で誕生したことも、フランクフルト証券取引所の株式会社化へのはずみをつける契機

表１　株式会社に移行した主要証券取引所

証券取引所	移行年次	株式上場の有無
ロンドン	1986年	2001年７月を予定
パリ	1988年	2001年７月を予定
フランクフルト	1990年	有リ
ストックホルム	1993年	ナシ
ヘルシンキ	1995年	ナシ
コペンハーゲン	1996年	ナシ
アムステルダム	1997年	ナシ
オーストラリア	1997年	有リ
シンガポール	1999年	有リ
香港	2000年	有リ
トロント	2000年	ナシ
ブリュッセル	2000年	ナシ
大阪	2001年	ナシ

になったものと考えてよいだろう。

このような経過をたどって、一九九〇年にフランクフルト証券取引所AG（AGはドイツで株式会社の略字）が発足した。さらに九三年になって、フランクフルト証券取引所AGとDTBが合併して、新たにドイツ取引所AGが誕生し、こんにちにいたっている。

ここで、フランクフルト証券取引所が株式会社に移行し、さらにはドイツ先物取引所をも吸収して、株式会社組織の総合取引所に再編された背景について、もう一度、整理して考えておきたい。それは、他の証券取引所の株式会社化にとっても、共通の問題点がみいだせると思うからである。

まず第一点として指摘できることは、EU域内におけるドイツの地位を、より強固なものにしたいという、ドイツの並々ならぬ強い意欲が感じられることである。すでに、欧州中央銀行の本部機構をフランクフルトに誘致することに成功しており、フランクフルトをドイツのみでなく、全ヨーロッパの金融・資本市場の中心にしようとするプログラムにしたがって、フランクフルト証券取引所を中央取引所として位置づけようとしている印象を受ける。

図2をみればわかるように、ドイツ取引所AGは各種の関連機関との間を、株式所有によって結合しており、いくつもの関連機関を有機的に統合するためにも、株式会社化ないし有限会社組織にした方が有利、との判断が働いたのであろう。

つぎに、なんといっても、電子システムの飛躍的発展にとって、莫大な投下資本が必要となることで

図2　ドイツ取引所株式会社をめぐる株式所有関係

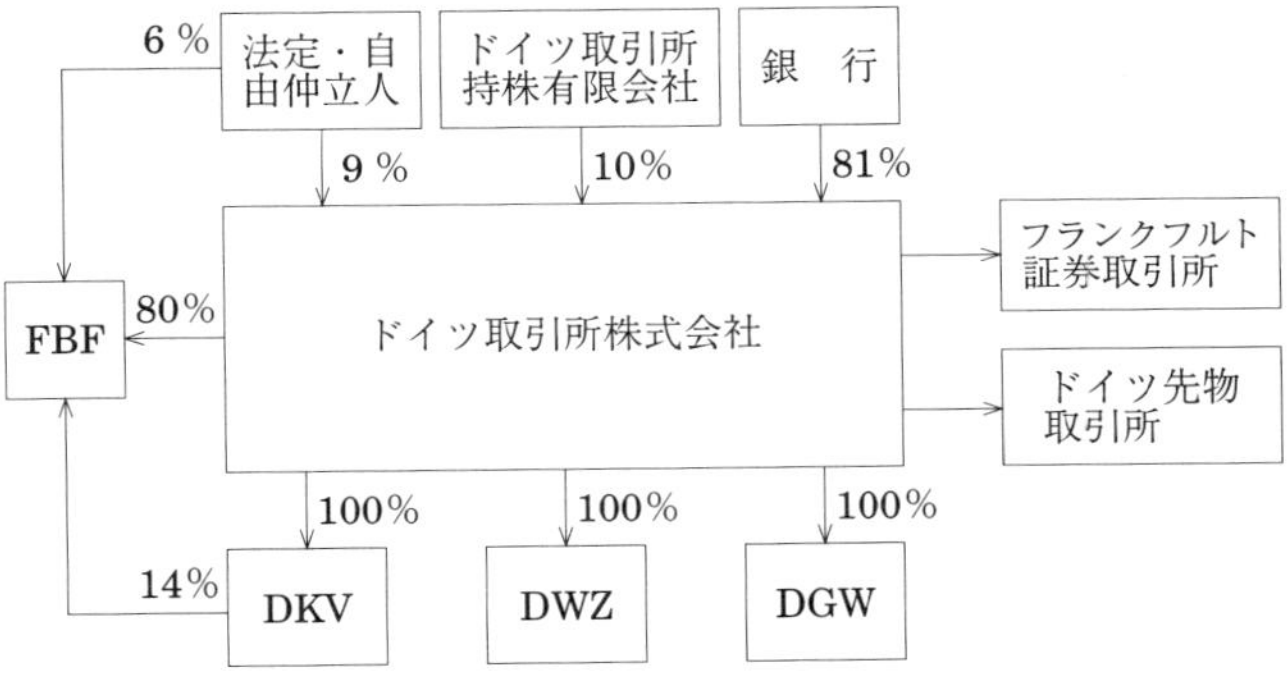

（注）　FBF　：中欧・東欧取引所・金融市場促進有限会社
DKV　：ドイツ証券振替株式会社
DWZ　：ドイツ証券データセンター有限会社
DGW　：ドイツ証券清算有限会社
（出所）　フランクフルト証券取引所資料。

ある。ドイツ取引所AGでは、自社の株式をすでに上場しており、必要とあらば、そのための投下資本所要分を市場から直接に調達できる道を開いている。

これが公営組織のままであれば、商工会議所が中心となって、証券業務を営む大手銀行から資金を調達しなければならなかった。また商工会議所には、そのための指導力を発揮するだけの力が不足していた。

その点、株式会社化が実現したために、証券取引所の大株主である銀行などの金融機関が、必要な資金を提供する以外に、市場から直接に資金を調達する道が開けたのである。

さらに、フランクフルト証券取引所が株式会社化した背景のひとつに、分離したドイツ先物取引所との再合併問題があったことは、すでに述べた通りである。ドイツにおいても、近年、株価指数や個別株式の先物・オプション取引が飛躍的に増加していて、同じ建物の中にいながら、別組織で運営することにはすくなからぬ不便さと重複があったと考えられる。

なかでも、先物・オプション取引の電子システムと現物取引のそれとが、同一システムを使って運用されていたため、合理化、効率化のためにも、現物取引所であるフランクフルト証券取引所と、先物・オプション取引専門のドイツ先物取引所との統合は、早急に実現されなければならぬ事情があった。

しかも、ドイツ先物取引所は有限会社であり、これを吸収合併するには、公営組織のままでは困難であった。フランクフルト証券取引所の株式会社組織への移行には、このような必然性があったのである。

株式会社化の理由と問題点

それではここで、もうすこし一般化した形で、証券取引所の株式会社化の理由について考えてみることにしよう。もちろん、ドイツにはドイツ固有の、またイギリスにはイギリス独自のというように、個別の理由もあることは確かである。現にドイツについては、前節でみた通りの固有の背景なり理由があった。

しかし、株式会社に移行した各地の証券取引所に共通した理由もあるはずで、それらについて整理しておきたいと思うのである。

まず、第一の理由として考えられるのは、資金調達の問題である。ますます激化する市場間競争や市場間連繫に対応して、取引所として生き残っていくためには、巨額の先行投資を必要とするにちがいない。なかでも、ヨーロッパ諸国の証券取引所に株式会社化が集中しているという現実は、このことを如実に示しているというべきであろう。

ＥＵ諸国の証券取引所は、ＥＵの金融・資本市場統合の一環として、すでに国際間の連繫を強化する動きを強めている。最近では、二〇〇一年三月にストックホルムで開かれたＥＵ首脳会議において、つぎの二点が確認されている。その第一は、ＥＵ内における証券行政を統合するため、二〇〇一年中にヨーロッパ版ＳＥＣ（証券取引委員会）を創設すること、その第二は、二〇〇三年末までに、各国間の証券ルールを統一すること、がそれである。

ＥＵ内の証券取引所としては、各国間の取引ネットワークを広げるためにも、巨額の投資を強いられることになる。また、より投資家にとって使い勝手のよい電子システムをつくることによって、市場間競争を有利にすすめることが可能となるため、さらに巨額の資金が必要とされるのである。すでに、ほとんどのＥＵ内の証券取引所は、コンピュータ取引で運営されており、国際間の連繫にとってＩＴ関連投資は避けて通れない。

このような巨額の投下資金を調達するには、証券取引所を株式会社化するだけでは不十分であることはいうまでもない。証券取引所の株式を上場しなければ、直接に市場から資金を調達することができないからである。

いまのところ、証券取引所の株式を上場しているのは、ヨーロッパではフランクフルトのみであるが（表1参照）、株式会社に移行した証券取引所にとって今後の課題は、上場問題であるにちがいない。

つぎに、株式会社化の第二の理由として考えられるのは、意思決定のスピードの問題である。すでに述べた通り、巨額の設備投資や他取引所との連繫あるいは統合など、証券取引所の将来にとって重大な問題に関する意思決定は、会員組織や公営組織よりも株式会社組織の方が、はるかに迅速に行われる可能性がある。

会員組織であれば、各会員証券業者間の利害の対立などにより、意思決定にいたるまでに長い時間を要することが、往々にしてあるものである。また、公営組織においては、たとえば、証券取引所の運営・管理を担当している機関が商工会議所であった場合、商工会議所は一種の行政機関でもあるため、いわゆる〝お役所仕事〟で、容易に意思決定に達しないおそれがある。

これが株式会社であると、代表取締役の裁断により、意思決定の時間をはやめることができるうえ、株式会社はなによりも株主の意向を重視した運営を行う必要があるため、効率経営の徹底が要求されるし、それが可能でもある。

しかしながら、株式会社化には大きなメリットがある反面、デメリットやリスクも存在することに気づかなければならない。

その第一は、株式会社であるが故に起こりうる問題、すなわち買収をされたり乗っ取られたりする懸念があることである。現に最近になって、ロンドン証券取引所に対して、スウェーデンの取引所運営会社であるＯＭグループによる、敵対的買収工作がなされた。

この買収工作は、結局のところ不発に終ったものの、今度はドイツ取引所が、「それなら当方が買収にかかろう」とばかり、食指を動かしているという情報も伝えられている。株式会社であるかぎり、また株式を上場していればさらに、経営権争奪のリスクをたえず抱えているといわなければなるまい。

第二の問題は、株式会社であるかぎり、利益の追求を避けて通ることはむずかしいということであろう。公共性を維持することを要求されている証券取引所が、利益の追求に走ったのでは、公共性が危険にさらされることは間違いない。株式会社として一定の利益を確保しつつ、不正取引などの規制を維持していくことがどこまで可能なのかという問題を、まず解決しておく必要がある。

現在、世界の主要な証券取引所の中で、ほとんど唯一、会員組織を保っているのは、ニューヨーク証券取引所と東京証券取引所である。このうちニューヨーク証券取引所は、一九九九年にいったん株式会社への移行推進を決議したにもかかわらず、いまもって実現の見通しはついていない。その最大の理由となっているのが、公共性の維持・確保の保証が得られていないということであるらしい。

この問題は、日本でも東京証券取引所の株式会社化の推進過程で議論されているので、次節において、わが国における株式会社化についてみることにしたい。

わが国の証券取引所の株式会社化

わが国における証券取引所の組織形態を歴史的にみると、本章のはじめの部分でもふれた通り、まず株式会社組織の株式取引所から出発し、一九四三年に、いまでいう特殊法人の日本証券取引所に変更された。太平洋戦争終末期から戦後にかけての閉鎖期間を経て、一九四九年からはアメリカにならい、会員組織の証券取引所として再出発した。

証券取引所間の売買高シェアでいえば、全体の九〇%を東京証券取引所（以下、東証と略称する）が独占しており、二位の大阪証券取引所（大証）は、せいぜい一〇%足らずしか占めていない。これでは、大証には切実な危機感があるとしても、東証には国内に競争相手がいないのであるから、ヨーロッパ諸国のように、株式会社組織に改めてでも競争力を保持、ないし強化していこうとする、深刻な危機感に欠けるうらみがある。

それでも、東証は特別委員会を設けて株式会社化を検討してきた結果、二〇〇一年十月にも株式会社に移行することを決定している。東証の株式会社化は、世界の主要証券取引所が相次いで株式会社化している大きな流れの中で、「バスに乗り遅れる」という焦燥感の現われだという印象を、私は持つが、しかし東証にも株式会社化する動機が無い訳ではない。

それは、二〇〇五年度までにシステム再構築を行う計画があり、そのためには四〇〇億円の投資が必要とされているからである。つまり東証にとっては、巨額の資金需要に対応するために株式会社化が是非必要であり、したがってその後、早期に株式を上場するというのである。

しかし、すでに述べたように、証券取引所は公共財であり、なによりも公益性を重視すべき機関であるため、株式会社という元来が営利目的の組織形態を、いかに矛盾なく両立させるかが、実は大きな問題なのである。その点で興味を惹くのが、最近における同所の特別委員会の議論の内容である。

これも前章でふれたが、株式会社に社外取締役を導入して、コーポレート・ガバナンスの観点から、経営をチェックしようとする考え方が、法制面でも浮かび上がってきている。東証の場合、取締役の構成をめぐって、社内取締役中心で運営した方が効率的だとする主張と、反対に、社外取締役のウェートを高めて経営に透明性を持たせるべきだという見解とが、現在でもなお対立していると伝えられている（たとえば、『日本経済新聞』二〇〇一年三月十五日付夕刊）。

東証が株式会社に移行すれば、現在の会員である証券会社はそのまま株主に横すべりすることになるであろうが、会員から株主に変わったからといって、「自分たちが東証を作っているんだ」という彼らの意識が、根本的に変化することは期待できない。むしろ株主としての権利を声高に主張することだって、十分に考えられる。

さまざまな主張や異論を調整し、しかもスピーディに意思決定を下すためには、証券業界以外からの社外取締役を招致して、もっぱら公益的立場から、強力で説得力ある提言を求めるべきであろう。

それでは、大証の場合はどうであろうか。大証こそ、株式会社に移行すべき必然性は、東証よりもはるかに大きかったといわざるをえない。国内におけるシェア・アップを目的に、さきにナスダック・ジャパン市場を開設したが、この新しい市場をどのように育成し、拡大していくのかという点でも、大証には大きな課題がある。

また、大阪が古くから日本における先物市場のメッカであったという事情もあって、現物市場と先物市場とを結ぶ、さらに総合的な取引所として飛躍する可能性も秘めている。東証にさきがけて、二〇〇一年四月から株式会社に移行したのも、山積する課題への積極的な取り組みを、一日もはやく推進したいという願望の現われであろう。

大証には、資金調達問題もさることながら、リストラを含む経営合理化への対応が早期に要請されている。この面での株式会社化のメリットを、できるだけ早く生かしてほしいものである。

第10章　証券業経営は天国と地獄

証券会社のイメージ

金融市場における主役が銀行であるのと同じように、証券市場の主役は証券会社である、といってよかろう。きわめて教科書的な分類法にしたがうと、証券市場は発行市場と流通市場にわけることができる。

発行市場とは、株式や債券などの証券が政府や企業によって発行される過程を指しており、そこでは、証券会社が証券の発行を引き受ける役割を果たしている。また、流通市場というのは、発行された証券が投資家の間を転々と流通する市場のことである。ここでも、証券会社が売買取引の仲介役をつとめている。このように、発行市場においても流通市場においても、いずれの場合も主役をつとめるのは証券会社なのである。

このように、きわめて重要な役割を果たしているにもかかわらず、証券会社に対して世間一般が抱いているイメージは、かならずしも芳しいものであるとはいえない。ひと昔まえまでは、証券会社のことを〝株屋〟といい慣わしていたようである。それは、ある意味では証券会社に対する蔑視の現われであったと思われる。

たしかに、株式という、いささか危なっかしい商品を扱って顧客に売りつけ、あるいは自分でも取引する人たち、もっと極端ないい方をすれば、「相場を張る」連中という印象から、〝株屋〟と呼んだのであろう。

作家・清水一行の初期の小説に、『兜町』という作品がある。なかなか面白い内容の小説であるが、それは別として、作者はこの題名にわざわざルビをふって、兜町のことを〝シマ〟と読ませているのである。〝シマ〟は〝島〟に通ずる発音である。

兜町はいうまでもなく、東京における証券取引の中心街であり、ニューヨークでいえばウォール街に当る。その兜町は、JR東京駅八重洲口からさほど遠くない場所である。もちろん、地続きの地域であるにもかかわらず、兜町のことを〝シマ〟と呼んだのは、その街に生きる人たちが、一般社会から隔絶された、特殊な人間であるとでも考えられていたのであろうか。

もちろん現在では、誰もそんな印象を持たないであろうが、いまから半世紀前ぐらいまでは、まだそういう考えが残っていたのである。

その兜町を中心にして、東京の証券会社や投資顧問会社など、証券界に勤務する私の教え子たちが毎月一回、勉強会を開いている。私も一年に何度か、この会合に出席することにしているが、つい先日の月例会のあと、二次会の席上で教え子のひとりが私に、こんな話をしてくれた。

証券界に勤務している男たちの中には、離婚歴を持つ人がすくなくない、というのである。思わず興味をそそられた私は、その理由を尋ねたところ、証券人は一般に生活設計が杜撰《ずさん》で、「どうにかなるさ」と高をくくっているため、女房たちは愛想をつかして別れることになるのだという。

その場では、私も笑ってその話を聞き流していたが、案外、このあたりに証券会社の本質がひそんでいるのかも知れないと、あとで思い返してみた。証券会社は市況産業なのだと。

次節でも述べることになるが、証券会社の業務の中で最も大きな比重を占めているのは、株式業務である。つまり、株式を投資家に買ってもらって委託手数料を稼ぎ、あるいは証券会社自身でも、株式のディーリング（自己売買）によって利益をだしている（もちろん、その反対に損をすることもある）。

株式はそれこそ、毎日、株価変動をくり返しており、株式への関わりが大きければ大きいほど、相場にふりまわされてしまうことになる。とくに大衆投資家は、株式相場が上昇傾向に転ずると、それこそ「浜の真砂」のように現われて、さかんに株式を売買しようとする。しかし、その反対に、いったん株式相場が下落しはじめると、「潮が引いたように」消え去ってしまう習性を持っている。

したがって証券会社の収入も、株式相場の変化によって大きな影響を受けることを余儀なくされるの

図1　証券会社の経常損益の推移

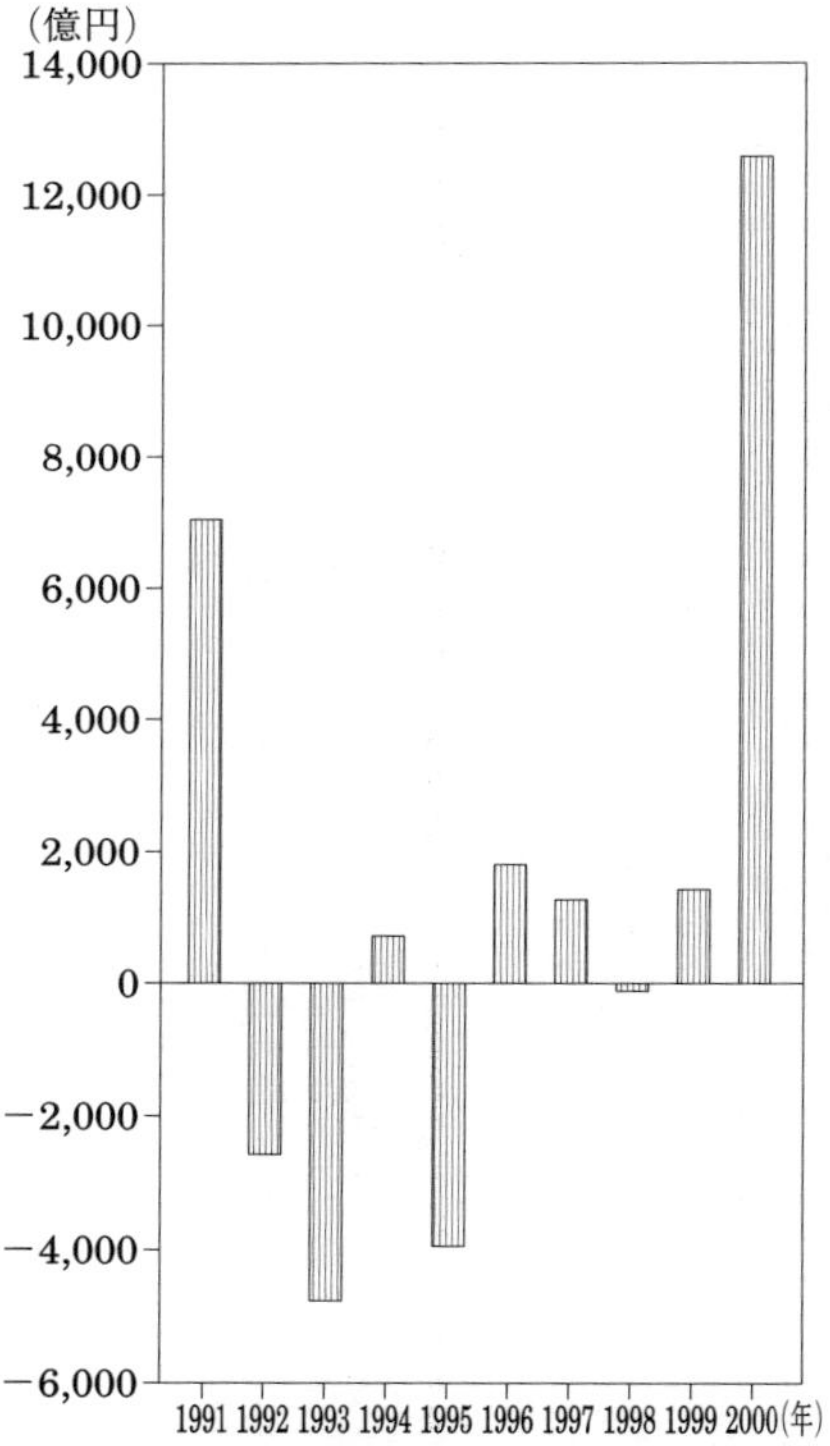

（出所）　日本証券業協会『FACT BOOK 2000』。

である。私が、「証券業は市況産業である」といったのは、このような意味においてである。

現に、一九八〇年代後半のバブル期には、証券会社の収益は軒並み史上最高水準に達していた。株式相場が三、四年の間に連騰し、日経ダウ平均株価で四万円近くにまで上昇したためであった。しかしその後、バブル経済崩壊とともに証券会社の収益も激減し、それが長く続いた。

ところが、一九九九年春から、たとえ一時的現象だったにせよ、株価の反騰現象がみられ、その恩恵を受けた証券会社は、バブル期並みの好収益をあげることができたのである（**図1**参照）。

証券会社の守備範囲

わが国の証券会社は太平洋戦争後、日本経済の高度成長と歩みをともにしながら、その規模を拡大し、近代経営手法を導入して、銀行と肩を並べる一大産業に成長した。もはや現在の証券会社からは、かつての株屋の面影は片鱗もみられない。

それは、〝四大証券〟（現在は山一が抜けて、野村・大和・日興の三社）と呼ばれた大規模証券会社がリーダーとなって、中堅・中小証券の牽引役を引き受け、また大蔵省（現在の財務省）も証券局を創設して、証券会社を育成する証券行政を推進した結果でもある。

すなわち四大証券会社は、いちはやく投資信託業務を立ち上げて、大衆投資家を証券市場に吸引する役割を果たした。また大蔵省証券局は、証券会社を登録制から免許制に移行させて、外部から証券業に進出する企業を抑えるという、徹底した保護行政態勢を敷いた。

一九六八年からはじまった証券会社の免許制のもとでは、証券業務の分野ごとに免許を与えるという方式を採用したため、証券会社の業務が自ずと明確に示されることになった。すなわち、①委託売買業務（ブローカー業務）、②自己売買業務（ディーラー業務）、③引受業務（アンダーライター業務）、④売捌き業務（セリングもしくはディストリビューター業務）、がそれである。

まず、委託売買業務というのは、投資家からの売買注文を仲介する業務であり、その対価として委託

表1　証券会社の収益構成の推移

	1991.3	1992.3	1993.3	1994.3	1995.3	1996.3	1997.3	1998.3	1999.3	2000.3
収益構成比　収益合計＝100%										
委託手数料	45.1	39.7	38.5	45.3	43.6	40.9	36.3	34.7	28.0	40.3
引受・売出手数料	3.8	5.4	4.6	5.2	8.3	6.4	9.1	4.7	6.3	6.8
募集・売出しの取扱手数料	7.0	5.8	5.8	8.5	7.8	7.6	8.8	8.8	9.1	11.6
その他受入手数料	8.2	11.2	14.1	12.9	14.0	11.4	12.9	15.3	17.6	14.5
金融収益	29.7	31.5	22.4	14.8	16.0	13.2	13.2	18.7	17.0	8.5
特定取引損益・売買等損益	4.8	4.9	12.6	12.0	9.1	19.5	18.8	16.9	21.3	17.8
営業外収益	1.4	1.6	2.0	1.3	1.2	1.0	0.9	1.0	0.7	0.6

（注）１．日本相互証券および才取会員を除く。また，1998年３月以前は日本店頭証券を除く。単位：%。
２．委託手数料は株式・債券・投資信託等の合計である。また，特定取引とは自己売買取引を指す。
（出所）日本証券業協会『FACT BOOK 2000』。

手数料を徴収する。証券会社が取り扱う証券は多岐にわたるが、なんといってもその中心になるのは、さきにもふれた通り株式である。したがって、証券会社の収入源としても、株式の委託手数料収入が最も大きな比重を占めているのは当然といえよう（**表1**参照）。

つぎに自己売買業務は、証券会社が自らの判断で自社の資金を使って行う、証券の売買取引のことをいう。証券会社は日常的に各種の証券を取引しているから、投資家にくらべれば相場観が格段にすぐれているはずである。そこで、自らの相場観に基づいて自己売買を行うことも、証券会社にとっては重要な業務でありうる。

ただし、いくら証券会社の相場観がすぐれていたとしても、ひとつタイミングが狂えば、思わぬ損失を招かないとも限らない。したがって証券会社としては、自己売買にはきびしい自己管理が必要であるといえよう。

三番目と四番目の業務は、互いに関連性が高いので、一括して説明することにしよう。一口に引受業務といっても、直接に証券の発行主体から引き受けるアンダーライター業務から、いったん他の証券会社が引き受けた証券のうちのある部分を投資家に売り捌く、セリング業務あるいはディストリビューター業務まで、その範囲は広い。

もちろんこの中で、証券会社にとって大きな収入源になる重要な業務は、発行主体（なかでも株式会社）から発行された証券を全額買い取る、買取り引受であろう。しかし、この業務には多大の資金力と高度の信用力が必要であるため、大規模証券会社がこの分野をほとんど独占している感がある。中堅・中小の証券会社は、セリング業務あるいはディストリビューター業務に甘んじなければならない。

これらの証券業務の中で、最も重要な業務が委託売買業務であることは、すでに述べた通りであるが、委託売買業務の中核部分は株式であるとして、他にどのような証券の種類があるのかについても、ここでふれておかなければなるまい。

もちろん、国債や外国債も証券会社にとっては重要な商品であろうが、なんといっても証券会社が力を入れているのは、投資信託である。なかでも株式投資信託は、定期的にパフォーマンス（運用成績）が新聞紙上にも掲載されるので、同業他社とも競争しなければならず、また運用担当者の腕のみせどころでもあるため、いきおい力が入るのであろう。

株式投資信託は株式そのものではなく、何十、何百種類もの株式を組み入れたポートフォリオとして運用されるため、リスク分散が容易であり、投資家にとってもローリスクの投資対象とされている。

しかし、その割りには株式投資信託の残高があまり伸びていないのは、証券会社の営業マンが、すこし収益が出たところで、顧客に他のファンドに乗り換えることをすすめているためであろうか。わが国では株式投資信託の人気がいまひとつなのは、案外このあたりに理由があるのかも知れない。それに対して、銀行が販売している投資信託の残高は、着実に増加している。これは、銀行が扱っている投資信託の中心が、債券を組み入れる公社債投資信託であり、それが投資家の信頼を得ているからとも考えられる。もしそうだとすれば、証券会社の営業のあり方にも、改めるべき課題がありそうである。

銀行と証券業務の関係

銀行が投資信託を販売している話が出たので、ここでは、証券業務と銀行との関係について考えてみたいと思う。

あとに、アメリカの証券会社について述べる際にも言及するつもりであるが、アメリカではつい最近まで、グラス・スティーガル法（一九三三年銀行法）によって銀行が証券業務に直接参入することが禁止されていた。

そこで、証券業務は証券会社が行うという建前を続けてきたが、その考え方がわが国にも導入されて、証券取引法において、銀行が証券業務──とくに引受業務──に参入することを、原則的に禁止している（同法六五条）。

しかし、たとえばドイツに典型的にみられるように、銀行がユニバーサルバンク方式[1]で運営されている国においては、全面的に証券業務を兼営している姿がみうけられる。とくにドイツでは、日本やアメリカのようなタイプの証券会社は存在せず、ほとんどすべての証券業務は、銀行によって営まれている。

そこまで極端ではなくとも、証券業務の兼営を禁じられている国の銀行にとって、関心の高い証券業務はといえば、それは引受業務であろうと思われる。なぜなら、引受業務による手数料収入は、たとえば株式の委託売買手数料と比較すると格段に高く、しかも、手数料自由化（この点については後述）によって料率が大きく下がるという、証券会社にとっては頭の痛い問題もすくないからである。

引受方法の中でも、買取り引受といって、発行主体が発行した証券を全額買い取ってしまう方式であると、売れ残りリスクを証券会社が負担することになるため、その分、高い手数料を徴収することができる。しかも、この買取り引受には、あらかじめ相当額の資金を準備する必要があるから、資金力の豊富な銀行にとっては有利なビジネスといえよう。

アメリカでは、証券の引受業務は証券会社の守備範囲であるが、証券業界の中でも引受業務の比重が高い会社と、委託売買業務を主に営む会社とにわかれているように思われる。大規模証券会社ほどその傾向が著しいようで、わが国の証券会社が、規模が大きくなればなるほど業務範囲を拡大して、総合化しようとするのと好対照をなしている。

たとえば、世界最大の証券会社といわれるメリルリンチは、もちろん引受業務も営んではいるが、むしろリテール・サービス（小売業）に力を注いでいるのに対して、ゴールドマン・サックスやソロモン・スミス・バーニーのようなウォール街でも名門の証券会社は、その抜群の知名度と信用力を背景に、もっぱら引受業務に特化している。

このような、引受業務を専門に行っている証券会社のことを、アメリカではインベストメント・バンク（investment bank＝投資銀行）と称している。インベストメント・バンクに対応する概念としては、コマーシャル・バンク（commercial bank＝商業銀行）が頭に浮かぶため、インベストメント・バンクも銀行の一種かと誤解しがちであるが、れっきとした証券会社なのである。

それならむしろ、アンダーライター（引受業者）と呼んだ方が正確な表現ではないかと思うのだが、アメリカではインベストメント・バンクという呼び方が習慣になっているようである。

近年、わが国においては、金融ビッグバンの進行過程で、漸次、銀行による証券業務への参入がすすんでいるが、証券の引受業務に関しては、まだ銀行本体で行うことが認められていない——国債など公共債については、証券取引法によって認められていることは、既述の通りである——。

しかし、銀行の一〇〇%出資によって設立されている証券子会社では、すでに引受業務が認められているため、銀行にとって積年の熱い思いはある程度満たされているといえるだろう。これらの証券子会社による引受業務の実績は、総じて良好に推移している。やはり、銀行による証券業務への本格的参入の糸口は、このあたりにありそうだ。

また、銀行によって行われている証券業務の中では、投資信託に展望が開けてきそうである。もう随分昔の話になるが、わが国に証券投資信託が出現し、もっぱら四大証券会社がその普及に懸命になっていたころ、私はヨーロッパの投資信託を研究したことがあった。ヨーロッパでは証券会社ではなく、もっぱら銀行が投資信託を扱っている事実を知って、びっくり仰天したものである。

わが国では、ようやく最近になって、銀行による投資信託の組成・販売が解禁になったが、銀行が扱っている投資信託の中で、元本と利子が保証されている公社債投資信託が主力になっているのは、長年にわたり安全を最重視する預金を中心にしてきた銀行としては、当然のことであろうと思われる。しかし、個人にも「リスクを取る資産運用」へのシフトが必要視されている昨今、銀行も公社債投資信託だけでなく、株式投資信託にもっと力を入れてもよいのではないだろうか。

証券業経営と株式手数料自由化

ここで再び証券会社の話に立ち戻って、今度は経営について考えよう。これまでのところでも明らかなように、わが国の証券会社の経営は、基本的には株式売買による収入に重点が置かれ、それも、投資家からの売買注文を仲介することに対して支払われる、委託売買手数料収入のウェートが高いことが、一大特徴となっている。

その委託手数料は長い間、固定制であったから、証券会社間に手数料をめぐる競争は存在しなかったのである。ところが一九八〇年代からはじまった金融自由化の中で、銀行の預金金利や証券会社の株式委託手数料などにメスが入り、順次、自由化される道をたどった。

まず銀行の預金金利が段階的に自由化され、一九九六年には最終的に金利自由化が完成した。おつぎは株式の委託手数料の番である。これは、一九九九年十月に実施された。銀行の預金金利自由化は、長引く不況の過程で超低金利政策が続行したために、激しい金利引き上げ競争は起こらなかった。しかし、もう一方の証券会社の委託手数料については、様子がちがっていた。

もちろん、あらかじめ実施日程は告知されていたから、証券会社としては十分に準備するだけの時間的余裕はあったはずである。しかし、手数料自由化によってどの程度の引き下げになるのか、あるいは、それによって証券会社の経営がどのような影響を受けるのかなどについては、極端にいえば〝五里霧中〃の状態であった。

もっとも、この問題については、ノウハウがまったく無いわけではなかった。それというのは、アメリカの株式委託手数料の自由化が一九七五年に実施されており、それによって、証券会社の経営がどのようになったのかについての情報がもたらされていたからである。

アメリカにおける株式手数料自由化の背景については、ここではほとんど割愛せざるをえないが、基本的には、機関投資家による証券市場支配力が高まって、発言力も増大し、それを背景に、伝統的に行われていたニューヨーク証券取引所会員証券会社による固定手数料制を、崩しにかかったことに端を発している。

機関投資家による強力な圧力に屈した形で、一九七五年五月一日に株式手数料の完全自由化が実現した。ウォール街にとって、この日は決して忘れることのできない日になった。ちょうどその日が労働者の日、つまりメーデーであったことから、証券関係者は株式手数料自由化の日を〃メーデー〃と呼ぶようになったのである。

すなわち、株式委託手数料の自由化が投じた一撃は証券会社を痛打し、その後の証券業界の再編成を惹き起こすと同時に、証券会社の経営構造をも一変させてしまった。まず、手数料について考えると、その引き下げ自体は漸進的に行われたとはいえ、新たに出現したディスカウント・ブローカー（割引業者）が、機関投資家向けの手数料を固定手数料時代の五〇％以下に引き下げて提供したため、既存の証券会社の顧客がディスカウント・ブローカーに奪われてしまった。

その反対に、個人投資家に対しては、多くの証券会社が手数料自由化以前よりも逆に高い手数料を徴収した。個人投資家の売買注文量がすくないため、証券会社にとっては仲介コストが高くつくというのが、その理由とされた。

ここで、ディスカウント・ブローカーについて説明を加えておくと、彼らは顧客の売買注文を市場で執行する以外に、付加的サービス――たとえば情報の提供とか投資のアドバイスといった類い――は一切行わず、まさにブローキング・オンリーの証券会社である。だから、低い手数料でも十分に採算がとれるのである。

これに対して、機関投資家を顧客に持つ既存の証券会社は、高コスト経営のため経営不振に陥るところも、すくなからずあった。手数料自由化直後の証券会社の収益構造をみると、手数料低下分を自己売買によって補うという一般的傾向がみて取れたが、自己売買は損益が入り混じる不安定な要素を抱えているため、次第に引受業務やM&A業務(2)など他の業務に比重を移すようになった。全収入に占める委託手数料の比率は、七六年の四六%弱から八六年には二一%、また九六年には一五%にまで低下している。

このように、株式委託手数料自由化後におけるアメリカの証券会社は、業務の多角化と果敢なリストラなどの努力によって生き残りをはかろうとしたが、それにもかかわらず、いくつもの〝名門〟といわれた証券会社が合併、買収や廃業、倒産などの理由によって姿を消した。

さて、わが国の株式手数料自由化以前においては、右のようなアメリカの情報がもたらされていたのであるが、証券会社はどのような対策を講じたのであろうか。一九七五年時点のアメリカと、二十一世紀を間近に控えたわが国の近況を比較して、最も大きな相違点は、この間にコンピュータ技術の発達が飛躍的にすすんだことである。すなわち、かつてのアメリカでみられたディスカウント・ブローカーの代わりに、パソコンを利用したオンライン取引（ネット取引）が登場してきた。

営業マンの数がすくない中小証券会社では、積極的にオンライン取引あるいは通信取引（電話やFAXを利用）を着々と整備して、来るべき手数料自由化時代に備えた。また、相当数の営業マンを抱える大規模の証券会社でも、資産運用サービスを強化する一方で、やはりオンライン取引にも参入するところが続出した。

しかし、いざフタを開けてみると、現在のところ、かつてのアメリカにおけるような極端な手数料の低下はみられていない。日本証券業協会が㈳中央調査社に依頼して行ったアンケート調査によると（二回、調査を行っている）、対面営業（営業マンが顧客と直接対面して行う営業形態）では、自由化以前の九〇％程度にとどまっている。しかし、通信取引では六〇％、またオンライン取引でも三〇％程度に引き下げられていることがわかる。

これでみると、オンライン取引では業者間の競争の結果、手数料は大幅に低下している反面、対面営業においては、さしたる手数料の低下現象は起きていないようである。したがって、証券会社の経営に与えている影響は、現在のところ、それほど深刻ではないように思われる。これはいささか、私などの予想が外れた感じである。

他業界からの参入問題

一九九八年秋に、証券会社の開業規制が三〇年間続いた免許制から、登録制に改められたことで、証券業に対する他業界からの熱い視線が集まった。それまでの証券業は、大蔵省による手厚い保護行政に守られ、また、東京および大阪証券取引所を中心として設けている会員業者の定員制によって、他業界からは容易に参入できない、〝聖域〟の観を呈していた。

それは、銀行も同様であったが、それだけに、証券業を免許制から登録制に移行して、他業界からの参入を容易にすることが、金融ビッグバンの〝目玉商品〟とされたのである。

折りから、近年におけるコンピュータ技術の飛躍的発展によって、パソコンを使って容易にアクセスできるネット取引が普及しはじめ、それが証券取引にも適用されたことで、証券会社の売買仲介（ブローキング）の機能が、かならずしも高度の取引技術やノウハウを必要としないことがわかってきた。

それまでは、ブローキングには高度のテクニックを要すると誰もが信じ切っていたものだから、証券会社に対して高い委託手数料を支払うことに抵抗を感じなかったのである。パソコンの操作によってかんたんに取引相手を探し出し、取引を成立させることが可能であることがわかってくると、証券業への参入をのぞむ人たちが現われるのも当然である。

しかも、証券業の開業規制が大幅に緩和されたとあって、にわかにネット取引専門の証券会社が、続々と証券業界に参入してきたのである。登録制移行後に新規参入した証券会社約七〇社のうち、二〇社前後がネット取引を前面に打ち出している。一方、既存の証券会社の間でも、株式手数料自由化後における証券業経営のあり方を模索する過程で、ネット取引を取り込むことの有利性が理解されるようになり、これまた相次いでネット取引に参入した。

株式手数料自由化後におけるネット取引の手数料が、急速に低下したのは、このような新旧証券会社入り乱れての競争激化の結果であるといって間違いなかろう。この調子でいくと、ネット取引専門の証券会社の中には、遠からず経営が困難になるところも現われるのではないかと懸念される。手数料自由化後の証券業界再編成があるとすれば、まずネット証券からはじまることは確実である。

証券業に対する他業界からの参入、あるいはその反対に、証券業から他業界への進出問題にとって、もうひとつの側面は、商品先物業界との関係であろう。

この点についても、金融ビッグバンの進行過程で証券取引法が改正され、証券会社が商品先物業務を兼営することが認められた。現時点では、既存の証券会社の中で商品先物業務に参入したのは一社にすぎないが、その反対に、商品先物業界からはすでに数社が証券業に参入している。この傾向はまだ続きそうな気配でもある。このことがなにを意味しているのであろうかというのが、目下のところ、私の大きな関心事である。

もともと証券業と商品先物業とは、互いに似通った点がいくつもある。なかでも、取り扱っている株式や先物商品の価格変動が激しく、まさに〝相場の世界〟にいることが、最も大きな共通点であろう。したがって、顧客の質も両者はそれほどちがってはいない。

しかし、証券会社にくらべて、商品取引員（商品先物専門の仲介業者の制度名）の社会的認知度がまだ低く、そのため、商品取引員の中には、証券会社の資格を取得することによって、認知度（あるいは信用度）を高めたいと願う業者がいるとしても当然である。

もうひとつの理由として考えられるのは、商品取引員は商品先物の分野しか扱うことが認められておらず、証券会社の守備範囲のひとつである、国債先物や株価指数先物のような先物商品を、自分たちの扱い商品のラインアップに加えたい、との希望もあることである。つまり、先物商品の品揃えに対する希求である。このような動機によって、最近では相次いで商品取引員が証券会社の仲間入りをするケースが目立ってきた。

それに対して、証券会社の側から商品先物業に参入する動きがほとんどみられないのはなぜか。その理由として考えられるのは、第一に、証券会社は従来から現物取引に専念していて、ほとんど先物取引に対しては力を入れておらず、営業マンの中にも、先物についての知識やノウハウを持っている人がすくないことがあげられる。したがって、現在のところ、商品取引員のライセンスを取ろうという動機に乏しい。

第二は、株式委託手数料自由化以後、証券会社の多くは、手数料収入を確保するために、付加価値の高い資産管理型営業を主に展開していて、まだ経営多角化戦略の中で、商品先物業への参入については視野に入れていない業者も多い点を指摘しておきたい。

ちなみに、アメリカの証券会社では、社内に商品先物部門を設けているところがすくなくない。しかし、私がニューヨークで会った、大手証券会社の商品先物部門の責任者によると、商品先物部門のウェートが徐々に下がってきているのが一般的傾向だと嘆いていたのが、印象に残っている。

注

（1）銀行が本業の銀行業務以外に、証券業務や保険業務など、金融分野の業務の大部分を広範囲に営むことを指している。最も典型的なドイツ以外では、オランダやスイスなどがこのタイプに属する。

（2）Mは合併（merger）の頭文字、またAは買収（acquisition）の頭文字。つまり、企業間で行われる合併や買収を斡旋して、両者から手数料を徴収する業務のことをいう。

第11章　財政と証券市場の両面からみた国債

財政赤字と国債発行

次章は最後の結論部分というか、証券市場の展望に関する内容が中心となるため、本章が事実上、各論としての最終章に当る。

これまでのところでは、もっぱら株式に焦点を合わせて、その発行主体である株式会社における株式の意味および位置づけ、あるいは投資対象としての株式の評価などについて、いくつかの視点から問題をとらえてきたつもりである。しかし、証券の種類は株式だけではないし、また証券市場は株式市場だけから成っているわけでもない。とくに、このあとで述べていくことになる国債が、証券市場において果たしている役割は想像以上に大きいものがある。

太平洋戦争後のわが国では、後述するように、昭和初期に行われた国債の日本銀行による引受けが、

表1　国債発行額の推移

	国債発行額（うち特例国債）（億円）	国債依存度（%）
昭和40年度	1,972（　　—）	5.3
45	3,472（　　—）	4.2
46	11,871（　　—）	12.4
47	19,500（　　—）	16.3
48	17,662（　　—）	12.0
49	21,600（　　—）	11.3
50	52,805（ 20,905）	25.3
51	71,982（ 34,732）	29.4
52	95,612（ 45,333）	32.9
53	106,740（ 43,440）	31.3
54	134,720（ 63,390）	34.7
55	141,702（ 72,152）	32.6
56	128,999（ 58,600）	27.5
57	140,447（ 70,087）	29.7
58	134,863（ 66,765）	26.6
59	127,813（ 63,714）	24.8
60	123,080（ 60,050）	23.2
61	112,549（ 50,060）	21.0
62	94,181（ 25,382）	16.3
63	71,525（ 9,565）	11.6
平成元	66,385（ 2,085）	10.1
2	73,120（ 9,689）	10.6
3	67,300（　　—）	9.5
4	95,360（　　—）	13.5
5	161,740（　　—）	21.5
6	164,900（ 41,443）	22.4
7	212,470（ 48,069）	28.0
8	217,483（110,413）	27.6
9	184,580（ 85,180）	23.5
10	340,000（169,500）	40.3
11	386,160（254,500）	43.4
12	326,100（234,600）	38.4

（注）　昭和41～44年度は省略。

財政規模の膨張を招き、それが戦争終了直後の悪性インフレにつながったとする認識から、国債発行に対するアレルギーがことのほか強く、一九六四年までは事実上、国債の発行は行われなかった。したがって、日本経済の高度成長期においては、証券市場といえば株式市場オンリーの感があったことは否定できない事実であった。

ところが、一九六五年に戦後はじめて国債が発行されて以来こんにちまで、国債が発行されない年は一回もなかった。またその発行額も、年を追ってうなぎのぼりに増大している（表1参照）。証券市場の立場からすれば、大量の国債発行は、クラウディング・アウト(1)の懸念さえなければ、証券会社にとっては、国債を組み込んださまざまな金融商品（たとえば後述する中期国債ファンドやＭＭＦなど）をつくり出す源になるのであるから、歓迎こそすれ、邪魔者扱いすることはありえない。

しかし、これを財政の観点からとらえると、国債の発行は財政赤字の補塡を目的として行われるものであり、また財政赤字は均衡財政に反することになる。そこで、まず、欧米諸国（アメリカとイギリス）における財政赤字とその克服について考えるところからはじめたい。

第二次世界大戦終了後、アメリカを中心とする欧米諸国は、ケインズが提唱した、「有効需要が不足した場合には、政府自らが財政資金を使ってその分を補うべきだ」とする主張に基づき、いわゆるケインズ政策を実行に移した。

これらの国では、あるいは積極的な国有化政策により、あるいは広範囲の補助金政策によって、〝大きな政府〟が出現する結果をもたらした。そのため、各国で深刻な財政赤字を生み、国債発行が増大したのである。

なかでもアメリカでは、一九八〇年代のレーガン政権時代に、いわゆる〝サプライサイド・エコノミックス(2)〟が採用されて、大幅な所得税減税が実施されたために、財政赤字と経常収支赤字が重なって、〝双子の赤字〟に陥ってしまった。

一九八九年に誕生したブッシュ政権は、双子の赤字解消に向けてそれまでの財政政策を転換し、個人所得税の増税を実施するなど大胆な施策を打ち出したが、八〇年代後半の金融システム破綻に遭遇して、逆に大幅な財政赤字を招いてしまった。

ブッシュ政権のあとを受けたクリントン政権は、当然ながら財政赤字削減を最重要課題にとり上げ、積極的にそれを推進したが、折りからアメリカ景気が回復したことに支えられて、九三年からは財政赤字は着実に縮小に向かい、九八年にはついに財政赤字ゼロにまで到達している。

もちろん、財政赤字が続いていた間は、巨額の国債発行を余儀なくされたが、その全額を国内で消化する力がなかったため、主に日本やドイツなど外国の投資家がそれを助ける役割を担ったのである。

イギリスもまた、第二次世界大戦終了後は強力なケインズ政策が遂行されたが、その結果、大幅な財政赤字を招いたことは、アメリカと同様であった。しかし、一九七九年に登場したサッチャー首相による〝小さな政府〟指向の財政再建策が効を奏して、財政収支は黒字に転ずることができた。また九七年に出現した労働党内閣（ブレア首相）も、財政均衡を目指した予算運営を行って、均衡財政の再現に成功している。

米・英いずれも、深刻な財政赤字に苦しんだ経験をもとに、見事、財政赤字から脱出することができた。それに反してわが国の場合は、年を追って財政赤字が増大し、それにつれて国債発行額も膨張しているが、すくなくとも戦後の二〇年間は、曲がりなりにも均衡財政を維持することができていた。

そこで、つぎに、わが国における国債発行の原点というべき財政法の制定と、それにともなって発行される国債の種類と使途などについて、述べることにしよう。

建設国債と赤字国債

一九四七年に、わが国ではじめての財政法が制定された。その立法趣旨や背景に関しては、私が最も関心を持つ点でもあるため、改めて後節でとりあげることにしたいが、現在の国債発行はこの財政法に基礎を置いているのであるから、しばらく財政法と国債発行の関係について考えることにする。

財政法第四条によれば、原則として国の歳出は国債（法律用語では公債）、および借入金以外の歳入を財源としなくてはならないと定めている（公債不発行主義）。しかし、同じ第四条の但し書では、公共事業費、出資金、貸付金の財源については、その範囲内において、国債発行や借入金によって調達することもできると規定しているのである。

すこし注釈をはさむと、わが国の法律には、但し書が多すぎる。せっかく、ひとつの条文で規定をしておきながら、すぐそのあとの但し書で、「但し、つぎの場合はそのかぎりではない」といった調子で、まったく正文と反対のことが規定されたりしているので、最後まで注意して読むことが肝要である。

さて、この財政法第四条但し書に基づいて発行される国債のことを、〝四条国債〟とか〝建設国債〟と呼んでいる。四条国債というのは素直に理解できようが、なぜ四条国債のことを建設国債と呼ぶのか、その理由はつぎの通りである。

すなわち、国債を発行すれば、その利払いや償還のための費用などが、次世代以降の負担となるため、国債発行による便益が将来世代にも及ぶような支出、すなわち道路や港湾設備といった、建設的なインフラ整備のために使われるべきである、という意味からである。

ところが一九七三年に、アラブの石油産出国によって石油事業の国有化と原油価格の大幅な引上げが行われ、その影響を受けた石油消費国の間で、深刻な不況が生じた。いわゆる〝石油ショック〟（このときは第一次）である。そのため、わが国でも民間部門に不況現象が生じ、税収入が極端に減少した。そこで、経常経費の財源確保を目的に、〝特例国債〟の発行が新たに認められることになった。

つまり、国会が特別決議をすれば、当該年度かぎりで特例として国債を発行することができる、というものである。資金の使途が財政赤字の補塡であるため、〝赤字国債〟とも呼ばれている。

戦後におけるわが国の国債発行の歴史は、財政法の制定により、二〇年間無発行を続けたあと、戦後初の不況である四〇年不況のときに、はじめて国債が発行されたところからはじまる。

このときの国債発行は、経常経費の支弁のためでもあったから、赤字国債というべき性格のものであったが、まだ特例法が制定されていなかったため、建設国債として発行された。しかし、二〇年間の長きにわたって均衡財政を維持し続けてきたものが、はじめて国債を発行したというので、緊張の糸が切れたのと、急速な経済発展にともない、諸種のインフラ整備が必要となったという理由により、翌六六

図1　財政のあゆみ

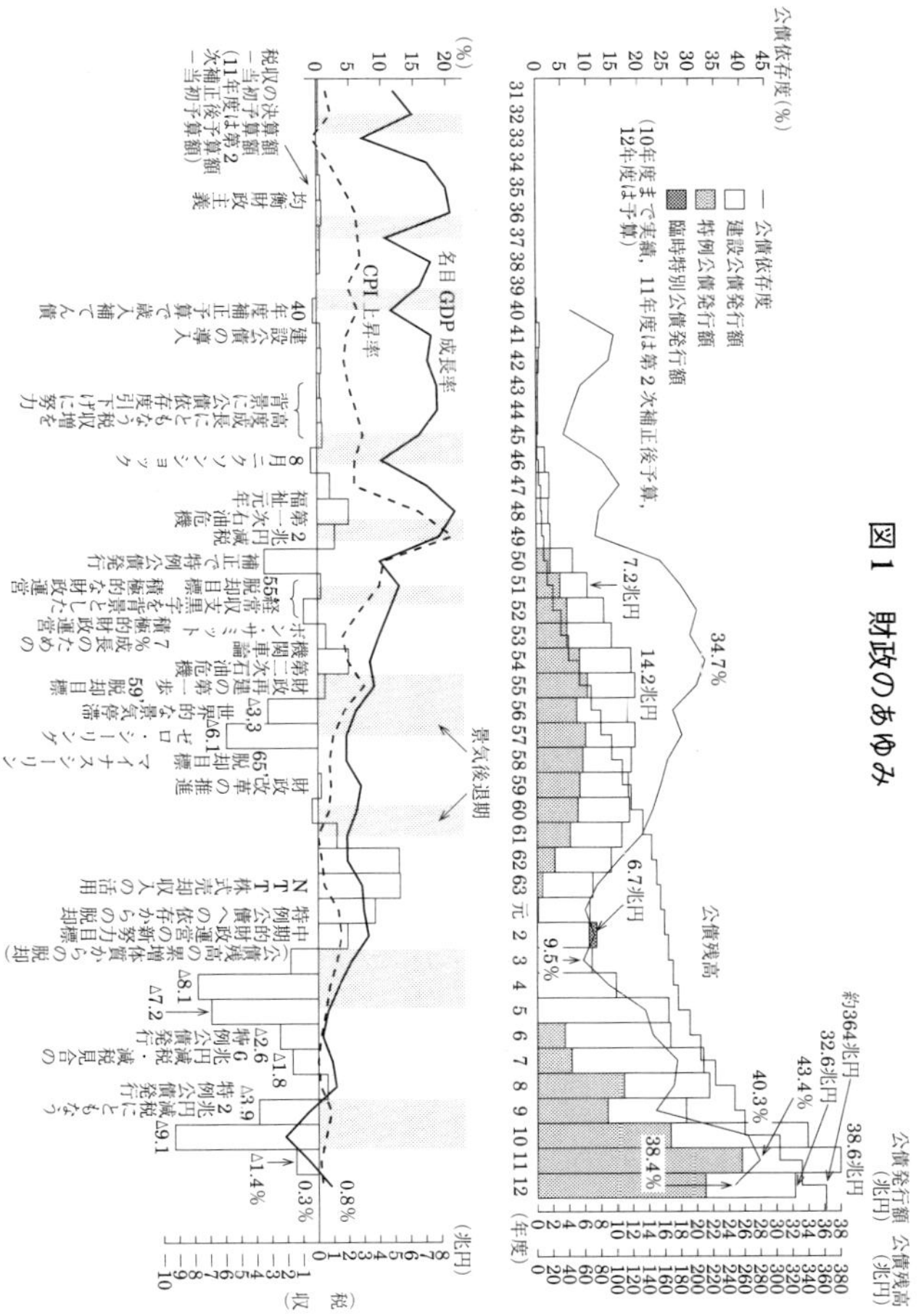

（注）GDPは平成10年度まで実績，11年度は実績見込み，12年度は見通しである。CPI（消費者物価指数）は平成11年度まで実績，12年度は見通しである。

（出所）竹内洋編『図説日本の財政（平成12年度版）』東洋経済新報社。

年からは毎年、建設国債の発行が継続して行われた。

しかも、第一次石油ショック後の一九七五年には、国債の大量発行に踏み切らざるをえなくなって、それ以降は、建設国債と赤字国債を同時並行して発行する形が定着していった。その後、年を追って国債発行の規模が拡大し、現在では三〇兆円を超える巨額にのぼっている。国債依存度も四〇%近くに達しており、まさに日本の財政は破綻の危機に瀕しているといっても過言ではない。

もちろん、財政構造改革に対する意識も同時に高まって、一九九七年には〝財政構造改革法〟が制定され、限られた財源の範囲内で重点的・効率的に配分しつつ、歳出全般にわたって徹底した見直しが行われた。

しかし、その年の秋以降、金融機関の相次ぐ破綻から金融システム不安が再燃し、景気の大幅な悪化がみられたため、九八年以降は逆に積極的な財政支出に転換し、大量の国債発行が続けられて、現在のような最悪の状況に追い込まれたのである。

このような財政赤字・国債の大量発行がもたらす経済全体への影響については、あらためて本章の最後に取り上げることにして、しばらく、別の観点から国債発行問題をみることにしたい。それは、財政法制定の背景になった、一九三二年からの日本銀行による国債の直接引受が、戦後の悪性インフレを惹き起こしたとされる問題である。

国債の日本銀行引受

財政法第五条はつぎのような条文となっている。
「すべて、公債の発行については、日本銀行にこれを引き受けさせ、又、借入金の借入については、日本銀行からこれを借り入れてはならない。但し、特別の事由がある場合において、国会の議決を経た金額の範囲内では、この限りではない」。

これは、いうまでもなく、満州事変から日中戦争、そして太平洋戦争へと続く十数年間の過程において、膨張が続く軍事費を調達するために巨額の赤字国債が発行され、それが戦後の破滅的なインフレーションを惹き起こす原因になったという認識のうえに立って、国債の引受が日本銀行によって行われてきた慣習を、制度的に断ち切ることを目的にした法文である。

日本銀行による国債の引受は、一九三二年十月にはじまっている。この決定を下したのが、一九三一年十二月に成立した犬養内閣の蔵相であった高橋是清であり、それを支持して実行に移した日本銀行側の実質的最高責任者が、当時副総裁の深井英五であった。

高橋と深井の結びつきは、高橋が日銀に在職していたころからのものであり、日銀による国債引受にしても、高橋＝深井の緊密な関係のもとで実現したものであった。しかし、これについては、日銀内部にも「日銀一〇〇年の歴史を通じての失敗」とするきびしい評価がある。深井自身も、死の床に就いた際、自分の最大の失敗は赤字国債を日銀引受の形で発行することを認めた点だった、と述懐している。

これに対して高橋は、後年、〝日本のケインズ〟と評されたように、一貫して積極財政論者であったが、高橋が赤字国債を発行してそれを日銀に引き受けさせるという、それまで誰も発想したことがなかった妙手を深井に相談したところ、最初は渋っていた深井も、結局は〝一石三鳥の妙手〟だとして同意したといわれる。

もっとも、なんら生産力の裏付けなしに、たんに赤字国債を日銀が引き受け、それと見合いに通貨を発行したとすれば、インフレーション発生の危険をはらんでいることはいうまでもない。高橋も深井も、このような危険を冒すつもりは毛頭なかったにちがいない。逆に、日銀の通貨供給がまわりまわって、再び日銀に還流するサイクルを頭に置いていた。その考え方はつぎのようなものである。

まず、政府が国債を発行し、これを日銀に引き受けさせる。さらに政府は、日銀に国債発行に見合った金額の預金口座を開設する。それだけの準備をしたうえで、政府は民間企業に対して軍需品など必要物資を発注する。その代金の支払いは、日銀を支払人とする政府小切手の振り出しによって行う、というものである。一方、小切手を受け取った民間企業は、これをいったん取引銀行に預金として預け、必要に応じて引き出せばよいわけである。

折りからのアメリカの大恐慌の影響で、産業界の景気は冷え込んでおり、銀行に対する資金需要も小さかったため、市中銀行にはかなりの資金余裕が生じていた。そこで日銀は、国債を引き受けたあと適当なころ合いを見計らって、政府から引き受けた国債を市中銀行に売りつける、いわゆる売りオペレーションを行えば、国債引受によって増発された通貨は、再び回収されて、インフレの発生を未然に防ぐことができる。つまり、通貨のリサイクル・メカニズムに期待するというアイデアであった。

高橋や深井が考えた通り、当初は日銀引受による国債発行は順調に推移した。しかし、日が経つにつれて様相が変化しはじめ、やがては国債発行額を圧縮しなければならぬ事態に立ちいたったのである。すなわち、政府から民間企業に支払われた通貨の市中銀行への還流が鈍化し、日銀が売りオペにより市中銀行から通貨を回収する余地がすくなくなったこと、つまり、通貨のリサイクル・メカニズムが円滑に作動しなくなったことが、その第一の原因であった。

しかし、さらに大きな理由は、満州事変費を含む軍事費の膨張により、歳出規模が拡大したために、さらに引き続き国債を発行しなければならなくなった、という点であった。このように、国債の消化難と財政規模の膨張によって、国債発行残高も累増を重ね、三六年には〝危機ライン〟といわれていた一〇〇億円の大台を突破してしまった。

もとより高橋は、恒常的に国債を発行し続けて、財政支出を拡大しようと考えていたわけではなかったから、国債の発行残高が一〇〇億円に接近した三五年冬、翌三六年度の予算編成に当って、閣議の席上、断乎、国債発行の縮減と軍事費の抑制を主張した。

しかし、このときの高橋の発言内容が新聞にも発表され、軍部を激怒させたことが、それから四カ月後の一九三六年二月二十六日早朝に起きた、〝二・二六事件〟で、高橋の暗殺を招く原因となったのである。

この事件を契機に、財政・金融政策はもはや財政規模の膨張と国債発行の増大を食い止める術《すべ》を失い、日本経済はひたすら軍事的拡大への道を歩んだ。その結果が、太平洋戦争後の悪性インフレの発生だったのである。戦後いちはやく財政法が制定されて、国債不発行主義が打ち出され、さらに、日銀による国債引受が禁止された背景には、こうした事情があったことを忘れてはなるまい。

投資対象としての国債

財政の面では、国債発行には厳格な節度が必要である。ひとつ間違うとインフレーションを招いたり、財政破綻に陥る場合もありうるからである。しかし、これを証券市場の立場から考えると、適度な量の国債が発行され、流通市場も有効に機能していれば、投資家の投資対象としてきわめて有用であるということができる。そこでここでは、もっぱら証券市場からみた国債について考えてみたい。

投資家の投資対象として国債をみると、最も安全性の高い証券だということができよう。これが、同じ債券でも社債であると、発行してから償還までの間に発行企業が破綻すれば、投資資金は戻ってこない。つまり、社債にはデフォルト・リスク（倒産危険）がつきまとっている。したがって、社債のデフォルト・リスクの情報を知る機会がすくない投資家にとっては、格付け機関による社債の格付けがなによりの投資判断基準とされているのである。

アメリカにおける二大格付け機関として有名なムーディズとスタンダード・アンド・プーアは、それぞれ独自の評価による社債の格付けを発表していて、世界的にも評価が高い。

ところで、近年になって、国債についても格付けが発表されるようになった。その端緒となったのは、一九八〇年代において主として新興工業国において発生した、カントリー・リスクであったと思われる。メキシコやブラジル政府が発行した国債を、主にアメリカの銀行が購入して保有していたものが、それぞれの国の財政危機のため、元本の返済はおろか、利息の支払いにも支障をきたし、多くの銀行が不良債権を抱えて苦しんだことがあった。

当時から日本国債は、最高の格付けがなされていたが、最近、ムーディズもスタンダード・アンド・プーアも、それぞれ日本国債の格付けをワン・ランク落とした。国債の発行額や発行残高などからみれば、格付けの下落もやむをえないと思われるのだが、当の国債発行の窓口である財務省では、「そんなはずがない」と大不満の様子である。

つぎに、現在発行されている国債を償還期間別に分類すると、長期国債（一〇年）、中期国債（二〜五年）、短期国債（約三カ月）、それに超長期国債（二〇年）などにわけることができる。この中で最も発行量の多いのが長期国債で、ふつう国債といえば長期国債を指す。

もちろん国債は、単独でも十分に投資対象たりうるが、何種類もの国債を組み合わせて、投資信託の形にすることにより、リスク分散と収益性増大を狙った金融商品を組成することも可能である。一九八〇年に、証券業界が銀行の定期預金や郵便局の定額貯金の向こうを張って開発した、中期国債ファンド（中国ファンド）が、その後の金融商品開発競争の端緒となったことはよく知られている。

その後、アメリカの同種商品をまねてつくったMMFも、中国ファンドと並んで人気商品となっている。最近、銀行や保険会社にも投資信託の組成と販売が認められたことは、すでに述べた通りであるが、銀行や保険会社は、どちらかといえば安全性を重視した商品づくりに力を入れており、国債を主に組み入れた投資信託が、その主力となっている。今後はさらに、投資家にとって魅力ある国債商品の開発競争がすすむことを期待したい。

さて、わが国の国債の主力が、一〇年ものの長期国債であるのに対して、アメリカはむしろ、短期国債の比重が高いのが特徴となっている。もちろん、一五年とか二〇年といった長期の償還期間を持つ財務省債券（Treasury Note, Treasury Bond）も多く発行されてきたが、主力はむしろ、三カ月期間の財務省手形（Treasury Bill＝TB）であり、主として銀行がさかんに売買している。

わが国でも、国債の種別化、品揃えの必要性が強調されてきたところで、証券会社にとって金融商品の幅を広げるためにも、国債の多様化がのぞまれるし、その中でも短期国債をさらに多く発行することによって、国債の流動化をすすめるべきであろうと考える。

くり返すようであるが、証券市場にとっては、国債の大量発行やその多角化自体は、歓迎すべきことである。現に、国債の大量発行がはじまった一九七五年以降、証券会社の店頭において、多くの女子社員が国債の販売に従事するようになったことにも現れているように、国債の大量発行は、証券業界にとっては雇用拡大にもつながったということができる。

しかし、過度の国債発行は、その消化能力からいっても、いわゆるクラウディング・アウト現象を起こしかねない、大きな問題をはらんでいる。もちろん、クラウディング・アウト以外にも、財政赤字↓国債発行にともなう問題点は決してすくなくない。そこで最後に、この問題を整理しておきたい。

財政赤字・国債発行の問題点

財政赤字↓国債発行にともなう問題としては、ほぼつぎの三点にまとめることができると思われる。すなわち、

① 民間の資金調達を圧迫してクラウディング・アウトを起こさせ、また通貨の過剰な供給を通じてインフレーションを惹き起こす

② 世代間の受益・負担の所得公平性を阻害する

③ 大量の国債発行は国債の利払い費用や償還額が巨額となり、財政硬直化の原因となる

がそれである。つぎに、この三点について、さらにくわしく検討してみよう。

①クラウディング・アウトの発生

財政赤字の補塡は通常、国債発行によってまかなわれるが、市中の資金が国債の購入に充てられると、市中の資金需給が逼迫《ひっぱく》し、その結果、金利が上昇する。これは当然ながら、民間部門の資金調達コストを上昇させ、民間部門の投資が抑制されることになる。すなわち、民間部門の支出が公的部門の支出によって押し出されることを、クラウディング・アウトというのである。

また、国債発行と同時に金融緩和が行われ、しかも財政支出が生産の向上につながらない場合には、インフレーションを招くことになりやすい。もっとも、現在のような深刻な不況期では、民間部門の資金需要が低調であるため、インフレにはつながりにくいとはいえるが、これは通常のケースとはいい難い。

②世代間の受益と負担の不公平性

いま、国債を発行して国が国民から借金をしたとしても、それは将来、税金の形で国に戻ってくるのであるから、長い目でみれば、国債の発行と租税の徴収とは等価であるというのが、古典派経済学の代表的学者であるリカード（David Ricard, 1772-1823）の主張である。この主張の通りだとすれば、世代間に不公平は生じないということになるが、ミクロの世界では、やはり世代間の不公平は生ずると考える方が現実的であろう。

国債発行によって得た資金を使って財政支出がなされ、それが現世代にとっては受益となるにしても、それは課税を将来に先送りしたにすぎない。もちろん、国債の購入は個人の自由意思で行われ、国債の

図 2　財政赤字の問題点

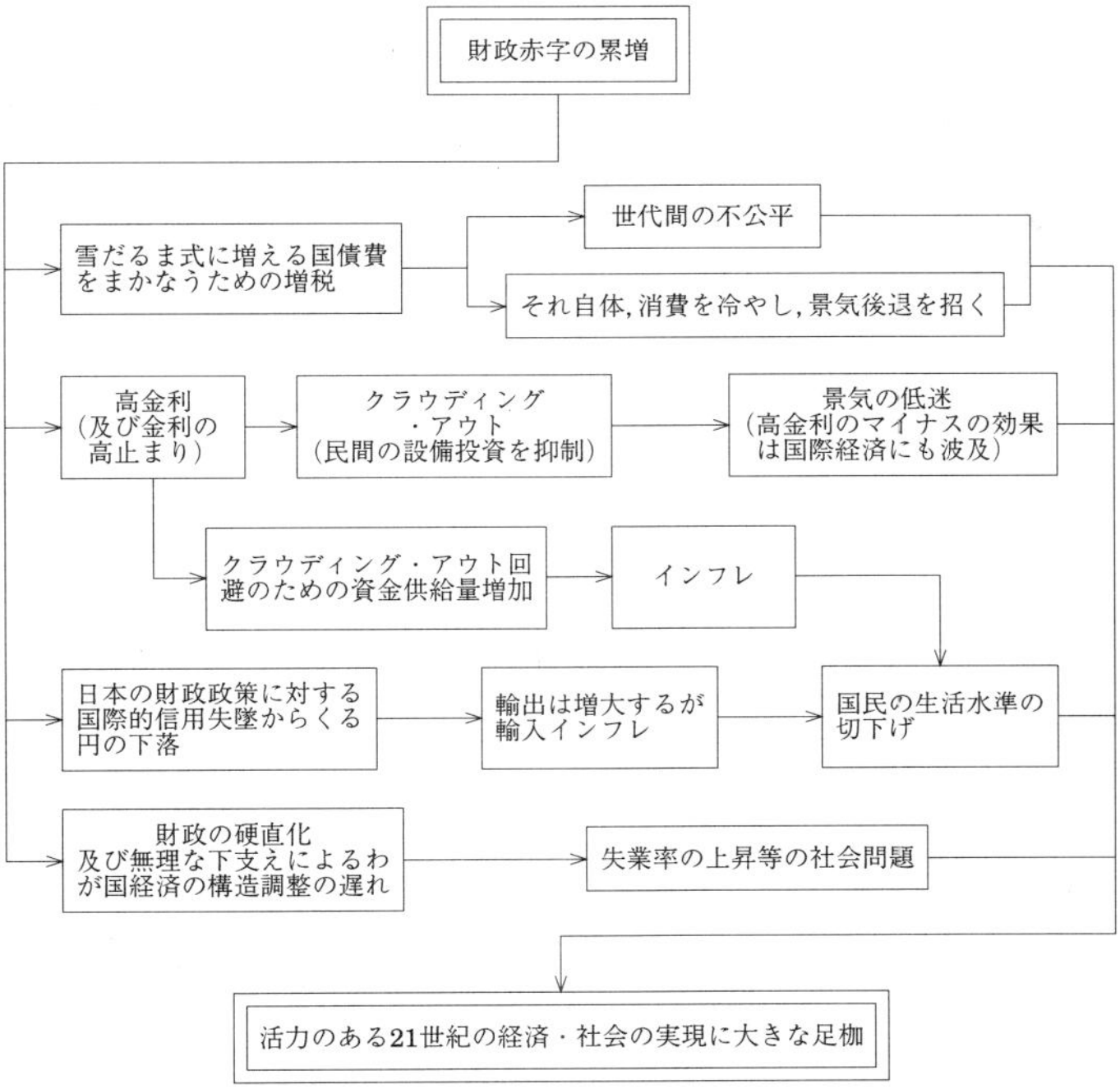

（出所）財政制度審議会財政構造改革特別部会資料。

利息もその人に帰属するが、国債の償還は税の徴収によって強制的に行われるものであるから、そのときの世代にとっては、負担を強いられることになるはずである。

つまり、将来の世代にとっては、「税の負担者からの国債保有者に対する意図せざる所得再分配」だとする主張にも強い説得力がある。

③財政の硬直性を招く

財政赤字を補塡する目的で国債が発行され、それが累積すると、利払い費用や償還額が巨額にのぼり、それが政策的な経費を圧縮させる方向に働くことになる。これが財政の硬直性と呼ばれる問題である。一般会計歳出の中で国債費といわれる経費は、二〇〇〇年度予算において二五・八％にも達している。実に、予算の四分の一が国債の利払いに充てられているのである。

国債発行によって財政赤字をファイナンスすることは、後年における毎年の利払い負担をともなうので、毎年の財政赤字が続いて、それを国債発行によってまかなうことが累積していくと、金利上昇↓利払い費の増大↓財政赤字の拡大↓国債発行のさらなる増加への悪循環に陥ってしまう恐れがある。

財政赤字が累積することによって、どのような問題が生ずるかについて、財政制度審議会財政構造改革特別部会が作成した**図2**をみると、この間の関係が明快に示されていて、理解を助けてくれる。同審議会特別部会では、活力ある二十一世紀の経済、社会を実現するためには、いかなる財政構造が不可欠であるかについて審議してきており、財政の構造改革がいますぐ必要であると方向づけているが、その一方で、深刻な不況からの脱出にとっては、巨額の財政支出が要請されているため、財政再建を取るか、それとも不況脱出を優先するかの選択についての突き詰めた論議が、まだまだ続きそうである。

注

（1）財政赤字をファイナンスするための国債発行により、市中金利が上昇して民間部門の支出が抑制されること。くわしくは二〇三―二〇四ページを参照。

（2）フェルドスタインやラッファーらによって主張され、レーガン政権の経済政策の理論的背景となった、アメリカにおける新しい経済思想。①生産性向上のため企業にインセンティブを与える必要がある、②過大な福祉政策は勤労者の労働意欲を低下させる、③投資拡大のためには貯蓄率の増大が必要である、というのが主な主張である。

第12章　二十一世紀の証券市場

証券市場の概念が変わる

二十一世紀に入って、証券市場のどこが、どう変わるのかというのが、本章のテーマである。もちろん、すでに二十一世紀に突入しているけれども、これから先、最も大きな変化が起こりそうなのは、証券市場の概念であろう、と思っている。

私たちが、これまで抱いていた証券市場の具体的なイメージとは、たとえば、証券取引所の立会場に大勢の取引人たちが集まって、売買取引を成立させ、同時に価格も決める、といったものであった。

もっとも、証券取引所以外にも、店頭市場が存在しており、これは集合的な取引の場は持たないけれども、たとえばわが国では、日本証券業協会が管理して取引を行っているため、証券取引所に準じた施設として公認されてきた。したがって、それ以外の場所や施設を使って証券の取引を行うことは、〝私設市場〟であるとして、違法行為とみなされてきたのである。

ところが、ＩＴ関連技術の急速な発展が、コンピュータによる売買取引の成立を容易にしたため、証券取引所で立会いを行う必要がなくなってしまった。また店頭市場にしても、証券会社間でバラバラに行われていた取引が、コンピュータ・システムによって情報が即座に伝達されるようになったために、証券取引所に劣らない取引システムになった。その代表例が、アメリカのナスダック市場である。

さらに今度は、ネット取引を可能にする技術の急激な進歩によって、証券取引所も店頭市場も通さない、証券会社と投資家だけの取引や、証券会社も介在させない売買当事者同士の取引も可能になった。

こうなると、売買取引の確実な成立という点だけを取り出して考えると、証券取引所も店頭市場も、また私設取引市場も、まったく同一の機能を果たしているという結論に導かれざるをえない。つまり、私設取引市場を違法な取引市場だとして締め出す根拠を、完全に失ってしまったということができる。

したがって、これからの証券市場は、証券取引所、店頭市場、私設取引市場（ほとんどの場合がネット市場）の三者が入り乱れて、互いに競争し合う姿が、もっと鮮明になるにちがいない。

これをコスト面から比較すると、現在の時点においては、なんといっても証券取引所が不利であることを免れない。なぜなら、証券取引所は巨大な施設を擁し、多数の職員を抱えているからである。そこで、市場間競争を勝ち抜くためにも、株式会社化によって低コストで効率的な経営を目指さなければならない。

表１　欧米の主要株式市場比較

	ニューヨーク証取	ナスダック	ロンドン証取	ユーロネクスト	ドイツ取引所
時価総額	11.5	3.1	2.4	2.1	1.1
上場企業数	2,419	4,674	2,931	1,405	987

（注）　時価総額は兆ドル。2001年３，４月末現在。
（出所）　国際証券取引所連合。

しかし、株式会社に移行するだけでは、証券取引所が生き残っていけるとは思えない。これからは、証券取引所間の統合ないし連繋が、ますます加速するものと考える必要がある。ヨーロッパにおいては、すでにそれがはじまっているのである。

ヨーロッパ諸国に存在している数多くの証券取引所は、ほぼ三つの核を中心に再編されつつある。すなわち、ロンドン証券取引所、ユーロネクスト、それにドイツ取引所がそれである。

このうちロンドン証券取引所は、単独でもヨーロッパ最大の規模を誇っているが、近い将来、同じロンドンにある、ロンドン国際金融先物取引所（ＬＩＦＦＥ）と合併する方向にあると思われる。そのＬＩＦＦＥはすでに、十六世紀以来の歴史と伝統を誇るロンドン商品取引所（ＬＣＥ）と合併しているから、ロンドン証券取引所とＬＩＦＦＥが合併すれば、広範囲にわたって現物商品と先物商品を扱う、総合取引所が出現することになる。

もうひとつの核は、パリ証券取引所を主軸として、アムステルダムおよびブリュッセルの証券取引所との間で統合が実現した、ユーロネクストである。ユーロネクストはさらに、イタリア、スペインおよびポルトガルの証券取引所とも統合する構想を持っているという。

第三の核はドイツ取引所である。すでに、ドイツ先物取引所（DTB）とも合併して、総合取引所化しているが、さらにコンピュータ・ネットワークでスイスのチューリッヒ取引所とも連繫し、ユーレックスと称する組織をつくり上げた。

一方、アメリカにおいては、ニューヨーク証券取引所とナスダック市場とのデッド・ヒートが、今後はますます激化するものと予想される。ニューヨーク証券取引所はいまだに立会場をコンピュータ化しておらず、また株式会社化にも慎重な姿勢を崩していない。

しかし、ナスダック市場が日本をはじめヨーロッパにも進出して、世界規模の市場へと躍進する戦略を実行に移しはじめているだけに、ニューヨーク証券取引所の動向から目がはなせない。

さて、日本はどうか。シェアが断然トップの東京証券取引所には、有力な競争相手が国内にはいないため、危機感が稀薄に感じられるが、ヨーロッパやアメリカの証券取引所が連繫して、日本にも攻勢をかけてくる可能性は、決してすくなくない。そのためにも、いまのうちに態勢を整備しておかなければならない。

また、ネット取引の今後の発展いかんによっては、証券取引所自体の存在意義を危うくするかもしれないのである。従来の証券市場の概念が崩れつつあるいま、どのような形態の市場がリーダーシップを取りうるのか、まったく予断を許さない。

資産運用の場としての証券市場

証券の売買取引を成立させる〝市場〟が、どのような形のものになるにせよ、市場を利用するのは投資家である。投資家のうち機関投資家については、これからもますます、証券市場において資産運用を積極的に行うにちがいない。しかし、問題なのは個人投資家である。

最近、さまざまな機会に引き合いに出されるのが、わが国の個人金融資産の中で、株式の占める比率が低いことである。個人金融資産が一四〇〇兆円近くにも達している割りには、銀行預金や郵便貯金が半分以上も占めているのは、きわめて異常だともいわれている。

図1　個人金融資産の配分比較

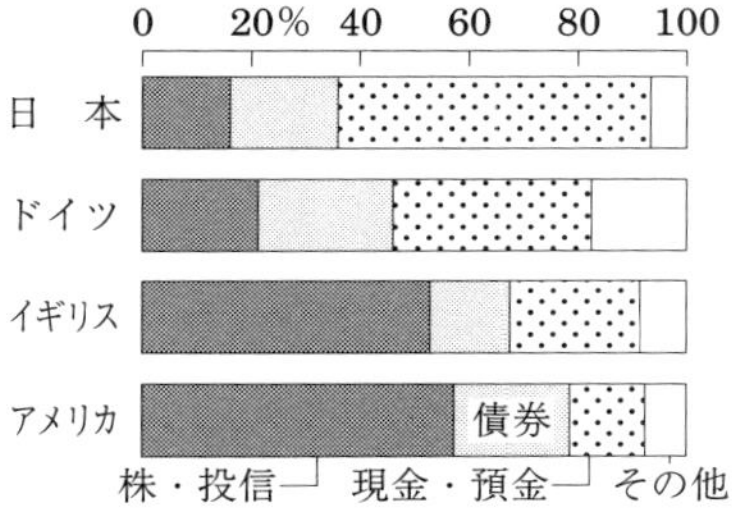

（資料）各国中央銀行，年金基金，保険，投信データからゴールドマン・サックス集計，1999年末。
（出所）『日本経済新聞』2001年5月5日付。

世界で最も個人金融資産が多いアメリカは、日本とはまったく逆になっていて、その半分以上が株式や投資信託で占められているのである。わが国についで世界第三位のイギリスも、アメリカ型に近い。

図1は、『日本経済新聞』に載せられたもので、個人金融資産の配分状況を、日・米・英・独の四カ国についてみたものである。この図からは、正確な数字は掴めないが、大体の

見当をつけるには格好であると思い、転載することにした。

この図でみると、ドイツが比較的わが国に似ていて、預金の割合が高く、株式の比率が低いことがわかる。そのドイツでも近年、政府が個人の株式投資を奨励する政策を打ち出したことが奏効して、株式・投資信託の保有比率が急上昇している。

このことに関しては、あとでもふれることにするが、なぜ、私たち日本人は株式に投資したがらず、預金や貯金に片寄った資産運用をしているのかという点について、まず考えておきたい。

これを、日本人の国民性によるものだとする主張もあるが、私の考えはすこしちがう。私は、日本人も徳川時代までは貯蓄心をほとんど持っていなかったと思う。江戸っ子の気質をいい表わして、「江戸っ子は宵越しの銭を持たない」というが、これは、貯金したくても、預かってくれる金融機関が存在していなかったからである。

かといって、天井裏や畳の下にかくしても用心が悪い。それに、貯金するだけの余裕も、庶民階級にはなかったに違いない。

しかし、明治維新後になって、わが国が先進諸国に追いつくためには、なによりも国内の資本蓄積が重要であるとの認識から、まず郵便貯金制度を設けるとともに、もっぱら、勤倹貯蓄を奨励する道徳教育を積極的に行った。このことが、日本人の貯蓄意識を高めるのに役立ったと考えられるのである。

もちろん、わが国の個人金融資産が大きく預貯金にシフトしている原因を、明治以降の道徳教育のみに帰することはできない。わが国の社会保障は福祉先進国であるスウェーデン、デンマークなどには遠く及ばず、老後の年金支給に全幅の信頼を置くことができないため、自助努力によって老後に備えたいという貯蓄の動機も、十分に考えられるところである。

最近のように、超低金利政策が継続し、預貯金の金利がほとんどゼロに近い水準だというのに、また、金融機関の破綻がいくつも重なったにもかかわらず、かえって預貯金が増加しているというのは、雇用不安も含めて、「先立つものはカネ」という強迫観念が、私たちを支配しているからであろうか。

ここ二、三年来、年金制度を改革して、従来の確定給付型から拠出型に移行させようという議論が起こり、アメリカで定着をみている〝四〇一K型〟の年金を制度化することが決まった。

四〇一K型年金とは、企業の従業員が自己選択によって、株式投資信託で運用するタイプの年金をえらべるというもので、所得税のあと送り[1]という税制上の特典もあるため、アメリカで急速に普及した。

このタイプの年金制度をわが国にも導入することが決まったことで、これまで確定給付制に慣れ切ってきた日本人が、株式投資信託で運用される新しい年金システムに切り換えられるかどうか、ひとつの大きな試金石といえるだろう。

拠出型年金制度の導入もさることながら、個人の資金運用を預貯金から株式や投資信託にシフトさせるための方策としては、税制を含むさまざまな株式投資推進策の実施が必要とされる。その際、参考になると思われるのが、ドイツにおける株式投資助成策である。

ドイツの家計では、従来はわが国と同様に、もっぱら預金を中心とした保守的な資産運用が、その主流をなしていた。ところが、近年になって、政府が積極的に個人の株式投資を助成する政策を打ち出した。その具体例をあげると、年収三万五〇〇〇マルク以下の個人が、株式投資する場合には、年間八〇〇マルクを限度に、投資額の二〇％を奨励金として国が支給する制度を実施した。その結果、個人の株式保有が飛躍的に増加したのである。

ドイツが、このように積極的な個人に対する株式投資助成策を打ち出した背景には、ヨーロッパの中では比較的立ち遅れが目立つドイツの株式市場を活性化させる目的があるものと考えられる。これに対してわが国の場合は、むしろ、あまりにも保守的すぎる（ウルトラ・コンサーバティブ）個人の資産運用に、市場リスクを経験させることによって、自己責任原則に基づく強靱な資産運用のあり方を根づかせることに、その重点が置かれるべきであろう。

どこへ行く《クオ・ヴァ・ディス》、株式会社

それでは、本章のしめくくりとして、二十一世紀の株式会社のゆくえについても、考えをめぐらせておくことにしよう。

本書の第一章で述べた通り、株式会社がはじめて誕生したのは、十七世紀初頭であったから、もうすでに四〇〇年が経過している。もちろんその間には、株式会社をめぐるさまざまな事件や動きがあったけれども、株式会社制度そのものは決して揺らぐことなく、二十一世紀に入ったこんにちまで生命を長らえてきた。

それには、株式会社が持つ制度的な特徴が、他の企業形態の追随を許さなかったからであるにちがいない。それにしても、合名会社↓合資会社↓有限会社↓株式会社へと進化してきた企業形態が、いまだに株式会社形態にとどまっているのは、考えてみれば不思議な気もする。

どうして、株式会社を超える新しい企業形態が現われてこないのであろうか。それは、思うに、株式会社が支配のための企業形態としても、また資金調達のための企業形態としても、ひとつの理想にまで到達しているからではないだろうか。

支配のための企業形態という点では、たしかに、創業者支配から経営者支配を経て、株主支配へと変化してきてはいるものの、支配の手続きは、基本的には変化していない。

また、資金調達のための企業形態という点でも、わが国では比較的長期にわたって、株主を優遇する立場から、額面発行方式が採用されていたが、三〇年ほど前からは時価発行方式に転換して、企業にとって大量に、しかも低コストで資金が調達できる方式として定着している。

株式を証券取引所や店頭市場に上場することによって、かえって、乗っ取りや買い占めなど経営権奪取の危険にさらされることもありうる。しかし、それがかえって、M＆Aによりリストラクチュアリングが可能となるという意味で、株式会社に活力を与える契機ともなりうるのである。

一九六〇年代のアメリカで、M&Aブームが起こり、多くのコングロマリット企業が出現したことがあった。コングロマリットというのは、ひとつの株式会社の中にいくつもの異なった事業部門を持ち込んで経営するという形態で、わが国では複合企業と訳されている。これなど、株式会社形態だからこそできた荒業だった。

株式会社は、基本的には民間企業である。もちろん、かつてイタリアに多くみられた国家持株会社のように、株式会社形態ではあっても、株式は政府が一〇〇%所有するというタイプの株式会社もありえよう。しかし、株式会社＝民営企業と規定するなら、それに対する企業形態は国有企業（もしくは国営企業）ということになる。

一九八九年にソビエト連邦が瓦解《がかい》して、それまでソ連の影響の下に、社会主義体制を強いられていた中・東欧諸国は、一斉に市場経済体制に移行した。市場経済への移行に際して、最も中心的な課題となったのは、国有企業の民営化であった。

九〇年代に入って、ポーランド、チェコスロヴァキア、ハンガリーなどの中欧諸国が率先して、国有企業の民営化を推進した。そのとき、国有企業の民営化の受け皿となったのも、株式会社であった。バウチャー方式や売却方式(2)など、いくつかの方法を通して多くの企業や個人が、新しくできた株式会社の株主になった。ここでも、株式会社以外の企業形態は考えられなかったのである。これらの国では、国有企業の民営化と同時に、株式市場が創設されたのはいうまでもない。

最後に、持株会社についてもふれておきたい。わが国で持株会社が解禁されたのを受けて、最近ではいくつかの持株会社が出現している。異なった種類の事業部門を、ひとつの会社で統括するよりも、個々の企業に独立性を与えて経営させ、それを持株会社によって統括するという新しいタイプの支配方式も、やはり、株式会社形態を基礎にしてはじめて実現可能である。

この持株会社による支配の図式が、おそらく二十一世紀の前半ぐらいまでには、かなり一般化するのではないかと推測される。それでもやはり、株式会社は株式会社なのである。

注

（1）従業員が年金に拠出した金額が、その時点では所得税の課税対象とはならず、定年後、年金支給時に納税する方式。

（2）国有企業の民営化にはさまざまな方式があるが、その中で最も重要なのは、バウチャー方式と売却方式である。バウチャー方式とは、国民の広い層にバウチャーと呼ばれる株式引換券を発行して、これを民営化企業の株式と交換するやり方である。チェコやロシアなど旧ソ連、東欧諸国の大部分が、この方式を採用した。また売却方式というのは、旧東ドイツやハンガリーが採用した方式で、競争入札などの方式によって、民営化企業を投資家に直接売却するものである。西欧諸国の民営化もこのやり方で行われた。

引用・参考文献一覧

青山護・井手正介（編）『証券アナリスト』（東洋経済新報社）
井手正介・高橋由人『アメリカの投資銀行』（日本経済新聞社）
伊藤光晴『ケインズ』（岩波書店）
岩田暁一『先物とオプションの理論』（東洋経済新報社）
大塚久雄『株式会社発生史論』（岩波書店）
大塚久雄『近代欧州経済史序説』（岩波書店）
小田切宏之『企業経済学』（東洋経済新報社）
合宝郁太郎『株式相場のテクニカル分析』（日本経済新聞社）
J・K・ガルブレイス、鈴木哲太郎訳『バブルの物語』（ダイヤモンド社）
J・M・ケインズ、塩野谷祐一訳『雇用・利子および貨幣の一般理論』（東洋経済新報社）
P・ケネディ、鈴木主税訳『大国の興亡』（草思社）
小林真之『株式恐慌とアメリカ証券市場』（北海道大学図書刊行会）
西條信弘『金融制度の改革と証券業』（中央経済社）
西部邁『ケインズ』（岩波書店）
シカゴ・オプション取引所付属オプション専門学校、可児滋訳『オプション』（ときわ総合サービス）

司馬遼太郎『オランダ紀行』（朝日新聞社）
資本市場研究会（編）『証券業経営のフロンティア』（清文社）
W・シャープ、日本証券アナリスト協会訳『現代証券投資論』（日本証券アナリスト協会）
J・D・シュワッガー、日本テクニカルアナリスト協会訳『テクニカル分析』（きんざい）
大和証券経済研究所（編）『株価指数先物の考え方と実際』（東洋経済新報社）
竹内洋（編）『図説日本の財政（平成十二年度）』（東洋経済新報社）
田中譲『ベンチャービジネスのファイナンス』（きんざい）
J・チャーカム、A・シンプソン、奥村有敬訳『株主の力と責任』（日本経済新聞社）
R・チャンセラー、山岡洋一訳『バブルの歴史』（日経ＲＰ社）
中央クーパーズ・アンド・ライブランド・アドバイザーズ株式会社（編）『ストックオプション実務ハンドブック』（中央経済社）
土生芳人『大恐慌とニューディール財政』（東京大学出版会）
津村英文『日本株式市場分析』（白桃書房）
永積昭『オランダ東インド会社』（講談社）
J・バカン、篠原勝訳『貨幣の意味論』（青土社）
福岡正夫『ケインズ』（東洋経済新報社）
C・Y・ホリオカ、浜田浩児（編）『日米家計の貯蓄行動』（日本評論社）
B・マハティール、井手正介訳『ウォール街のランダムウォーカー』（日本経済新聞社）
矢島邦昭『投資理論とリスクの管理』（学文社）
吉野俊彦『日本銀行』（岩波書店）

本書関連の拙著

『証券投資の理論』（共著）一九六八年（東洋経済新報社）
『株価理論の探求』（編著）一九七二年（千倉書房）
『株の科学』一九七五年（光文社）
『株式投資のニューテクニック』一九七六年（ソーテック社）
『株式価格の理論』一九八三年（多賀出版）
『増補・投機と先物取引の理論』一九八五年（千倉書房）
『証券論25講』（共編著）一九八九年（晃洋書房）
『正しく学ぶ先物経済』一九九九年（醍醐書房）

あとがき

文章を書くということについて、私はこれまでに、三人の師匠にめぐり会えたと信じている。もちろん文章以外にも、さまざまな面でお世話になった方ばかりであるけれども、文章についても、こうあるべきだとか、その反対に、こういう文章は書いてはいけないとか、多くの示唆と刺激を受けた。

まず、同志社大学大学院で私の指導教授だった長尾義三先生は、抽象的な用語を多用して、実に緻密な文章を構成しておられた。著書の数こそすくなかったが、どの著書を読んでも、かんたんに内容を把握することは困難であった。

長尾先生の弟子で、景気循環論の権威である篠原三代平氏をして、「世にも不思議な金融論」と嘆かせたほどの難物でもあった。私は長尾先生から、文章には緊迫感が重要であることを学んだと、いまでも思っている。

二人目の師匠は、私がはじめて大阪・北浜で、証券経済に関する調査研究に携わったときの研究所長だった、熊取谷武先生である。

先生は無類の早書きで、食事と睡眠以外は、講演と執筆に明け暮れる日々を送っておられた。先生は、

『産経新聞』に長期にわたってコラムを執筆しておられたが、それは字数にして八〇〇字か九〇〇字の短いものだった。しかし先生は、それを毎日書いておられた。

私は熊取谷先生から、早く書くことと、短い文章でいいたいことをまとめるという、ふたつのことを教えていただいた。というより、盗んだといった方が当たっていよう。

もうお一人は、住ノ江佐一郎先生である。先生とはよく、連立って酒を飲みに行ったものである。酔っ払うといつも、私は先生に向かって、「先生の文章は、一ページに句読点がひとつかふたつしか出てこない。読みづらくて困る」と愚痴をこぼした。

そういうとかならず、先生は私に、「君の文章は論文とはいえない。あれは経済エッセイだ」とやり返された。

住ノ江先生は晩学だったが、大学教授になられてからは、それこそ堰を切ったように、沢山の著書を出版された。そのエネルギーには圧倒されたが、同時に、闘争心をかき立てられもした。

三人の師匠とも、随分まえに他界されたが、私には、ついこのあいだのように思えてならない。文章を書くたびに、いつも、この三人の先生のことが、こもごも頭の中をよぎる。

さて、本書を読まれた方がたは、私の文章をどのように評価されるだろうか。自分としては、証券や証券市場についてはじめて学ぶ人たちのために、できるだけ平易な文章をと心掛けたつもりだが、随所に独善的なところがあったり、よくこなれていない箇所もあったりして、読みづらい思いをさせたのではないかと案じている。

本書の構成は、全部で十二章から成っているが、かならずしも論理的につながっているわけではない。それぞれ別個に独立したものとして読んで頂いても、なんら差し支えはない。しかし、私としては、大学の「証券論」や「証券市場論」で講義する際の材料として構成したつもりなので、はじめから順を追って読みすすんだ方が、理解しやすいのではないかとも思っている。

内容的には、証券市場をめぐって行動する主体別に、それぞれの章をまとめることにした。まず、証券市場に証券を供給する主体は、株式会社がその中心であるから、株式会社の出現からはじめて、株式の本質に迫り、また、株式会社が株式をどのように位置づけているのかがみえるように、コーポレート・ガバナンスまで持ち出して論じた。

また、証券を取引する主体は投資家であるとしても、市場が存在しなければ取引はできない。そこで、証券市場における具体的主体である証券取引所をとりあげて、もっぱら株式会社化の側面から論じている。

投資家の証券取引を仲介する証券会社については、たえず相場の動向に大きく左右される、ある意味では、不安定な存在であることも念頭におきつつ、その生態を紹介しようとしたつもりである。

このように、本書では、株式会社、株式、証券市場、証券取引所などが持つ機能や、果たしている役割などについて、近年における動向も視野に入れながら論じることに主眼を置いた。

しかし、このような私の発想なり意図が、どこまで実現できたかについては、かならずしも満足しているわけではない。本書の題名を、『証券に関する十二章』といった、中途半端なものにせざるをえなかったのも、原稿を読み返してみて、全体として不統一な点が、まだまだ残されていることに気づいたからである。

ある意味では未完成な本書を、このような体裁に仕上げることに、全面的な協力をして下さった、萌書房の白石徳浩氏には、ただただ感謝あるのみである。

いつもながら、我儘で身勝手な私のやり方に対して、苦情もいわずクレームもつけず、ひたすら正確さを保ちながら、早期に完成することを心掛けて下さった同氏の厚情に、お礼を申し上げたい。

二〇〇一年六月

杉江　雅彦

▒著者略歴

杉江雅彦（すぎえ　まさひこ）

1931年　神戸市に生まれる

1958年　同志社大学大学院商学研究科修了。大阪・北浜で内外証券市場の調査研究業務に従事したあと，1966年より同志社大学に勤務。1968年，イタリアに留学，エンリコ・マッティ・ビジネス・スクール修了。1978～79年，シカゴ大学およびライデン大学にて研究。1994年，漢陽大学（韓国）客員教授。

現　在　同志社大学商学部および大学院商学研究科教授（商学博士）

証券に関する12章

2001年7月20日　初版第1刷発行

著　者　杉江雅彦

発行者　白石徳浩

発行所　萌《きざす》書房

〒630-8303　奈良市南紀寺町2-161-9-205

TEL&FAX（0742）23-8865

振替　00940-7-53629

印刷・製本　共同印刷工業・藤沢製本

ISBN4-9900708-6-0